LA DÉPRESSION, S'EN SORTIR !

Traiter les causes, c'est guérir

Docteur Alain Meunier

Ouvrage dirigé par Isabelle de Paillette
d'après les propos du Dr Meunier

LA DÉPRESSION, S'EN SORTIR !

Traiter les causes, c'est guérir

© 2006, Éditions Solar, un département de

place
des
éditeurs

ISBN : 2-263-04012-9
Code éditeur : S04012
Dépôt légal : avril 2006

À Nicole, Colette, Catherine, Nathalie, Marianne et Sylvie, parce que le malheur n'est que la respiration du bonheur...

Je remercie tout particulièrement le docteur Jean-Luc Allemandi et Nicolas Bles pour leur contribution à cet ouvrage.

AVANT-PROPOS

On vous fait croire que la souffrance des autres ne vous regarde pas, que vous n'avez pas la compétence nécessaire pour cela, et, par là même, on vous a privé du plaisir de « guérir », d'aider ceux que vous aimez et que vous voyez souffrir.

À qui la faute ? Ne l'oublions pas, la mélancolie est depuis toujours ancrée dans notre culture. Pour s'en convaincre, il suffit de se remémorer l'époque des romantiques, dont l'inspiration pourrait se résumer à une réaction créatrice face au malheur.

La science, en posant le terme de dépression sur toute souffrance psychique, s'est approprié le malheur, nous privant ainsi de toute faculté de réaction. Ostensiblement, cette façon de faire nous projette dans le culte du « bonheur éternel ». Et si, comme le proclament les Restos du Cœur, « aujourd'hui plus personne n'a le droit d'avoir froid ou d'avoir faim », les médias, eux, nous martèlent que le bonheur est non seulement un droit mais surtout un devoir.

Ils nous incitent à penser qu'un individu hors de cet état de bonheur éternel serait obligatoirement dépressif, donc malade ! Dieu merci, cette consternante réalité n'existe pas, et la dépression n'a pas le monopole de la souffrance ! On peut très bien être mal sans être atteint de dépression !

En définitive, la société et la médecine nous ont confisqué le droit de souffrir, alors que le mal-être, le blues sont des réactions qui permettent d'équilibrer ces deux notions que sont le bonheur et le malheur. Le bonheur permanent est un leurre, pis encore c'est l'image de l'enfer. Les crises, les souffrances sont l'horloge du bonheur, et, à vouloir tout médicaliser dès que l'ombre du malheur surgit, on nous laisse dans l'éternité du malaise de la dépression chronique ! C'est à croire qu'on souhaite évacuer le temps de notre vie : les bons et les mauvais moments.

Il est temps de s'ôter de la tête que le bonheur est un état ; c'est tout juste une perspective, un chemin vers l'harmonie, souvent incertaine, entre ce que nous sommes et le monde qui nous entoure.

Exigeons le droit de sortir d'une vie, d'un état insupportable, et pourquoi pas de souffrir si tel est le prix à payer pour un jour aller mieux. Mais à qui en parler puisque, dépressif ou déprimé, on se trouve montré du doigt, stigmatisé comme un être non performant dans un monde de combattants !

La déprime tue autant que la dépression, car :

– **médicalement**, il est banal de croire que le suicide n'est que la conséquence de la maladie dépressive, alors qu'un grand nombre de déprimés passent à l'acte ;

– **humainement**, cette maladie en nous empêchant de nous intéresser à l'autre devient alors une chasse gardée de la médecine ! Or, plus que quiconque, la personne dépressive, même si elle requiert une prise en charge médicale, a besoin que l'on s'occupe d'elle.

Encore une fois, si la médecine est en droit de s'approprier une partie de la souffrance parce que la dépression parfois demande une réponse médicamenteuse, il n'est pas moins vrai que le « gâteau » du malheur est vaste, et que chacun peut aider à sa digestion !

Il est donc grand temps, dans ce monde de non-communication où l'égocentrisme est roi, de réapprendre à se tendre la main pour s'aider les uns les autres. Mais l'aide à apporter à un être souffrant se trouve d'abord dictée par cette nécessité : reconnaître la maladie dépressive en la différenciant clairement de toute souffrance psychique !

Bien évidemment, ces propos n'excluent en rien le fait qu'au cours de votre démarche vous ayez besoin de faire appel à un médecin. Qu'il s'agisse d'une personne dépressive ou déprimée, ne perdez jamais de vue que les risques sont les mêmes, que votre aide est primordiale car vous êtes le premier spectateur de sa souffrance, seules diffèrent sur certains points les formalités de votre démarche !

INTRODUCTION

Le terme de « dépression » est un lieu commun où se retrouvent toutes les misères du monde. Il est aujourd'hui avéré que 80 % des antidépresseurs sont prescrits à tort, et ces traitements sont administrés de manière inutile pendant plusieurs années ! Une confusion magistrale conduit en effet à mettre dans le même sac les maux de la vie, ces situations qui nous dépriment, et la dépression qui, elle, est une véritable maladie. Pourtant, avec un peu d'écoute, la distinction est simple, le dernier critère à prendre en compte étant l'intensité de la douleur morale. Quoi qu'il en soit, déprime ou dépression, votre proche souffre, et cette réalité vous est insupportable. Que faire ? Que lui dire ? Comment l'aider ? À qui faire appel ? Toutes ces questions ont une réponse.

Je tiens cependant à dire qu'accompagner une personne en proie à la douleur morale n'est pas se lancer dans un sprint. C'est un travail de longue haleine, sur plusieurs mois, durant lesquels il faut apprendre à ne pas se laisser envahir par les angoisses de l'autre, d'où l'utilité de bien comprendre le problème !

Si vous voulez arrêtez votre lecture ici, retenez simplement que :

— le malheur n'est pas la dépression,

— la dépression n'est donc pas l'inverse du bonheur,

— car le malheur c'est aussi la respiration du bonheur !

PREMIÈRE PARTIE

LA DÉPRESSION EXISTE-T-ELLE ?

La dépression, tout le monde en parle, et cette maladie s'étend à tous les domaines. À elle seule, elle porterait tout le malheur humain en son sein. Cela est tellement vrai qu'il ne semble plus incongru de se poser la question : la maladie dépressive existe-t-elle vraiment ou la dépression n'est-elle qu'un terme générique signifiant qu'une personne va mal ? Eh bien, la maladie dépressive est une réalité et, comme nous allons le voir, certains types de souffrance sont associés à certaines modifications physiques et psychiques.

Chapitre 1

Un diagnostic bien difficile

La dépression : cela se voit

Aujourd'hui, les progrès de l'imagerie cérébrale permettent de mettre en évidence des modifications physiques de zones particulières du cerveau et de leur fonctionnement.

Le cerveau est doué d'une plasticité beaucoup plus importante qu'on a voulu le dire, et l'observation lors de certaines dépressions montre des transformations très significatives. Il existe une corrélation directe entre les fonctions de ces zones et les signes de la dépression elle-même. La neuroplasticité apporte donc une dimension structurelle et par là même une réponse aux questions concernant la récidive, les cycles... Un organe atteint aura tendance à se refragiliser s'il est sollicité par cette cause ou une autre.

Certains signes de la maladie dépressive trouvent leur explication dans ces modifications. Il en va ainsi de la diminution de l'hippocampe, qui est une structure impliquée dans la mémorisation, l'acquisition des connaissances, mais aussi la régulation de l'humeur – ce que nous appellerons le « thermostat » (voir p. 171). On peut aussi observer une altération du cortex frontal, lieu de l'intégration de la décision et de la volonté, ainsi qu'une hyperactivité de l'amygdale cérébelleuse, lieu où sont gérées l'anxiété et la peur. Plus précisément, c'est toute la structure des transmissions des neurotransmetteurs qui se trouve modifiée. On assiste ainsi à une atrophie des neurones, des dendrites (les éléments qui les prolongent) et des synapses (les endroits de contact). Tout cela nous permet de comprendre que la dépression est une véritable maladie et que ce qui relève de la psyché n'est pas uniquement de l'ordre de l'imaginaire ou du caractère.

On perçoit ce qu'il y a d'injuste à demander un effort de volonté à une personne dépressive, à l'accuser d'être insensible, mais aussi la valeur que prennent nos conseils devant ce type de souffrance. La bonne démarche doit nous amener à évaluer ce qu'elle est capable de faire, de retenir, de comprendre et comment contourner cette souffrance.

La dépression : cela se dose...

Le cerveau est constitué de neurones (ou cellules nerveuses), de longs filaments qui se terminent par des synapses. Celles-ci ont de multiples rôles : elles fabriquent, stockent et passent à la synapse voisine les substances du cerveau (les neuromédiateurs) utiles à un besoin particulier de l'organisme.

En matière de dépression, c'est la présence en trop grande ou en trop petite quantité de certains de ces neuromédiateurs qui est responsable du déséquilibre de l'humeur, et donc de l'état dépressif. De nombreux travaux sur le sujet ont montré que les principaux neuromédiateurs concernés étaient la monoamine, la dopamine, la sérotonine, la noradrénaline et la mélatonine. Chez la personne dépressive, une prise de sang permet de retrouver des produits de dégradation – en quelque sorte les déchets des molécules originales –, dont les plus facilement repérables sont le cortisol et la dexaméthazone.

Il est probable qu'un jour la médecine sera capable de doser efficacement le type exact de neurotransmetteurs atteints et qu'il sera alors possible de prescrire l'antidépresseur le plus approprié. De la même façon, on pourra mesurer l'intensité de la maladie en rapport avec la partie du cerveau atteint.

La dépression : cela s'entend

Il est rare qu'une personne en difficulté vous convoque au coin du feu pour vous faire part de ses problèmes.

Où les conversations se comptent-elle en heures ? À quel instrument ne résistez-vous jamais quoi qu'il arrive ? Le téléphone, bien sûr, cet objet magique qui non seulement arrête le temps mais informe aussi de votre position géographique !

Notre histoire commence donc souvent par un appel téléphonique. Cet appareil (avec les blogs) semble être le médium privilégié de la souffrance, mais il doit être maîtrisé. Car souvent vous écoutez jusqu'à en être épuisé, le silence valant acquiescement. Or, vous pouvez ainsi en venir à vous mettre dans une mauvaise position par rapport à votre interlocuteur, à un « conseil définitif », « une excuse oiseuse », voire parfois à la violence. En un mot, à des choses qui ne vous ressemblent pas.

L'écoute est donc une technique qu'il faut apprendre. La force et le défaut du téléphone tiennent au fait que cet appareil permet de laisser la souffrance s'écouler en dehors de toute réalité environnante. C'est d'ailleurs bien pour cette raison que votre proche l'a choisi. Il est important que vous redonniez un véritable cadre à cet entretien. Une unité de temps, de lieu. Pour cela, prétendez par exemple que vous avez un rendez-vous dans la demi-heure qui suit, que vous étiez occupé, en somme que vous existez.

Ensuite, la voix de votre proche peut vous mettre sur le chemin. Écoutez sa musique autant que le contenu de l'histoire qu'il vous raconte.

À l'écoute, deux types de souffrance semblent se distinguer, une différence que les gens marquent par les termes de déprime et de dépression, comme l'ébauche d'un diagnostic ou la position que votre proche prend par rapport à sa souffrance.

• **La voix du dépressif** est atone et monocorde. Son débit, exempt de ponctuation et de modulation, a perdu toute qualité de communication. Les paroles prononcées ne sont plus porteuses d'aucun sentiment. Le message est déconnecté de son contenu, et les mauvaises nouvelles vous sont égrainées sur un ton indifférent et fataliste. Votre interlocuteur semble loin, mais sa souffrance est si proche ! Il ne recherche pas la cause de ses problèmes et écarte tous les arguments qui pourraient le ramener sur le chemin de la raison. Il vous donne l'impression que, même si vous arriviez à régler ses problèmes actuels, sa souffrance n'en serait pas amoindrie.

Il s'exprime difficilement, vous le sentez fatigué de penser et de parler. Tout effort de mémoire l'épuise.

L'évocation de souvenirs ou la formulation de projets ne le touchent pas.

Le manque d'estime de soi, la perte de confiance en ses capacités signalent une culpabilité qui ne doit pas vous échapper et qui doit vous inquiéter.

Le dépressif retourne tout contre lui, même les paroles les plus encourageantes. Quand il est dans cet état, l'écouter ne fait qu'entretenir son malaise.

Pour être efficace, posez-lui les bonnes questions, celles qui vous donneront les signes de sa dépression.

Assurez-le de votre présence ; vous allez venir. Il est impératif que le dépressif ne reste pas seul face à sa douleur, le temps d'être pris en charge sur le plan médical. Il n'est que souffrance, et c'est ce qui peut le conduire au pire.

• **La voix du déprimé.** Si la personne dépressive se sent coupable de son malheur, celle qui est déprimée est victime de son environnement. Sa voix a des intonations vives, elle fait tout pour maintenir votre attention et vous mettre en phase avec son débat intérieur, le drame qu'elle est en train de vivre. Le déprimé ne vous fait pas porter sa souffrance, il vous la fait vivre. Il est capable de vous retenir souvent plusieurs heures au téléphone. Sa façon de vous dire les choses vous fait passer par toute la gamme des sentiments, de la révolte à l'apitoiement, de l'irritation à la colère, voire à la compassion. Ses confidences impudiques vous inquiètent, vous cherchez la pédale de frein là où, pour une personne dépressive, vous cherchiez l'accélérateur. Vous êtes en quelque sorte devant une souffrance habitée. Le déprimé est intarissable sur son histoire, il devient le spécialiste de sa souffrance.

S'il est logique et lucide, cette lucidité l'étrangle. Le déprimé est capable de se projeter dans l'avenir même s'il l'imagine sans solution ! La cause de son malheur est toujours au premier plan, et il la trouve dans le monde extérieur : il se fait moins de mal qu'on ne lui en a fait. Pris comme témoin, comme exemple, voire comme coupable, vous êtes toujours concerné, investi de son problème. C'est pour cette raison que les appels des déprimés, leurs menaces de suicide ressemblent à du chantage.

À titre indicatif, les statistiques sont claires : il y a autant de suicides parmi les déprimés que parmi les dépressifs. Devant toute souffrance, même celle d'une personne qui vous semble déprimée et non dépressive, la question du suicide (voir p. 81) doit être posée clairement.

Si le déprimé a tendance à monologuer et à ne rien entendre de vos conseils, sachez pourtant qu'un lien, même douloureux, existe entre vous. Vous êtes le témoin de ce dialogue intérieur entre lui et sa souffrance. Essayez de ne pas en être le spectateur mais le médiateur.

ÊTRE MÉDIATEUR, SAVOIR ÉCOUTER : UN APPEL, C'EST TROIS ÉTAPES

Savoir écouter ne s'improvise pas et demande une technique particulière, mise en place depuis plusieurs années à SOS Dépression. Elle s'appuie sur quelques principes de psychologie que vous saurez adapter à toutes les situations.

• La première écoute est d'abord à sens unique : elle permet à celui qui vous appelle d'établir un lien, de mettre des mots sur sa souffrance. Crayon en main, notez tout ce qui peut vous paraître important dans son récit : vous pourrez ainsi mieux identifier les signes marquants de la dépression et les éléments éventuellement indicatifs de la cause. Ne tenez pas compte des petits détails de son histoire car ils ne constituent en aucun cas des éléments de réponse. Ce qui doit vous intéresser, c'est son insomnie, son amaigrissement, les conséquences sur son travail, ses sentiments...

• Les notes que vous aurez prises vous permettront alors de préparer vos questions (et non pas vos réponses). Faites-lui préciser certains points et, surtout, abordez ceux restés sous silence, comme la situation de son couple ou les idées de suicide. Ne le laissez jamais raconter deux fois la même histoire, ni se servir de vous comme témoin ou écho de son malheur, mais reprenez plutôt l'initiative du dialogue : abordez en priorité les sujets que vous avez relevés dans sa narration, et posez des questions. L'idée est que vous preniez de la distance et que vous l'aidiez à en faire de même avec sa souffrance. Sachez qu'une écoute trop longue et sans réponse peut aggraver l'état d'un dépressif, qui aura l'impression de parler dans le vide et en tirera la conclusion qu'il ne vaut pas la peine qu'on s'intéresse à lui. Plus il avancera dans son monologue, plus il sera convaincu qu'il est seul.

• La troisième phase de l'écoute consiste donc à lui proposer de l'aide. Ne vous laissez pas entraîner dans son débat intérieur, gardez votre « quant à soi », ce qui lui permettra de reprendre le sien et abandonnez l'écoute pour la promesse d'un rappel ultérieur. Si votre amitié est éternelle, votre capacité d'écoute est, elle, limitée, et cette limite, c'est l'efficacité.

En conclusion, si la preuve est faite par l'imagerie et la biologie que la dépression existe bien, il n'en reste pas moins vrai que le médecin dans son cabinet ou même en milieu hospitalier est incapable aujourd'hui de faire le lien entre la souffrance qu'il a sous les yeux et la dépression. Reste donc l'étude des signes que vous montre votre proche (la clinique pour les médecins). Nous avons vu à l'écoute que cette souffrance peut prendre deux aspects, celui de la déprime ou de la dépression... Mais s'agit-il vraiment de deux maladies ou est-ce l'expression différente d'une même perturbation ?

Chapitre 2

Déprime, dépression : tentons de faire la différence

Qu'il s'agisse de la maladie dépressive ou d'une simple déprime, le souffrant présente des signes psychiques et physiques. La différence étant parfois subtile, il faut rester vigilant et ne pas se précipiter vers une conclusion trop hâtive ou, pis, une prescription d'antidépresseurs.

Les signes physiques

Les troubles du sommeil

• **Chez le dépressif**, la perte du sommeil peut devenir totale. En général, il est en proie à des insomnies, qu'il vit douloureusement, entre 3 et 4 heures du matin. Quand les idées noires sont présentes, ce qui est généralement le cas, c'est souvent à ce moment-là qu'elles choisissent de se manifester. Les pensées sont d'autant plus douloureuses qu'elles sont chargées de culpabilité (voir p. 49). Parfois, on assiste même à une inversion complète du cycle jour/nuit. Une personne dépressive peut s'effondrer dans la journée et rester éveillée toute la nuit. L'insomnie du dépressif a la particularité d'être constante, ne lui laissant jamais un jour de répit.

• **Chez le déprimé**, il en va différemment. Il a des difficultés à trouver le sommeil (insomnies d'endormissement) car il passe son temps à refaire sa vie, les événements qui l'ont déprimé reviennent en boucle sur l'écran noir de ses nuits blanches. Il n'hésitera pas à vous réveiller pour vous faire part de ses insomnies. C'est l'épuisement qui l'endormira. Souvent, le déprimé se plaint de ne pas dormir du tout, mais ce n'est qu'une impression : il fait bien des nuits de sept heures mais son sommeil n'est pas réparateur. Si vous avez un doute et que vous êtes proche de lui et de sa famille, renseignez-vous auprès de la personne qui partage sa vie, elle sera à même de vous dire ce qu'il en est réellement.

LA RÉSISTANCE AUX SOMNIFÈRES

Un autre signe qui ne trompe pas et qui peut vous mettre sur la piste du bon diagnostic est la résistance aux somnifères : le dépressif ne sera pas sensible aux médicaments, alors que le déprimé s'endormira dès qu'ils auront fait leur effet.

La fatigue du dépressif, la fatigabilité du déprimé

• **Pour le dépressif,** toute activité physique ou mentale est une montagne. Vous le sentez dans un état d'épuisement permanent et ses fonctions essentielles sont atteintes, notamment la mémorisation. Il oublie tout, perd toute capacité d'idéalisation et de conceptualisation, il n'a plus aucune efficacité. Ne le ramenez pas à ce qu'il a été car la réalité ne lui renvoie rien de positif, le désir n'existe plus... Autant de raisons de se renfermer sur soi, de limiter sa vie au strict nécessaire, et même ce nécessaire semble un luxe.

• **Le déprimé** a, lui, une problématique obsessive qui épuise. Pour ce monomaniaque du malheur, le reste de la vie se réduit à un perpétuel effort, sa concentration, sa capacité à s'atteler à une tâche diminuent... c'est la fatigabilité. Le déprimé peut faire preuve d'efficacité si la réalité ou le plaisir que vous lui proposerez le réveillent, mais il est vite envahi, et toute page blanche dans son agenda le ramènera à son histoire. C'est donc un état fluc-tuant : il semble entrer et sortir de sa souffrance. Le manque de sommeil et une mauvaise hygiène de vie feront, bien sûr, le lit de cette situation. Aidez-le à vivre !

BERNARD : UN HOMME FATIGUÉ

Bernard est un homme actif. Restaurateur, il travaille énormément, commence donc tôt le matin pour faire le marché et recevoir ses livraisons, et termine tard le soir. Grand amateur de sport, il ne compte plus les heures qu'il passe à jouer au foot dès que son emploi du temps le lui permet. Malheureusement, ce quadra-

génaire passe par des périodes de déprime, notamment l'hiver, lorsque la luminosité est faible. Lorsque cela lui arrive, il se sent envahi par une immense fatigue. Il est alors incapable de se lever pour aller faire sa partie de football dominicale. L'idée même de faire la caisse de son restaurant une fois les clients partis l'épuise. Il fait des erreurs, il a du mal à se concentrer et doit s'y prendre à plusieurs reprises. Bernard m'explique que cet état éprouvant n'est heureusement que transitoire et qu'il disparaît dès l'arrivée des beaux jours. Toutefois, il me demande s'il n'est pas sujet à la dépression et si prendre un antidépresseur dans ces moments-là ne l'aiderait pas.

En fait, la fatigue de Bernard est une dépression saisonnière (voir p. 163). Même si elle est intense, ce n'est pas exactement la même fatigue − persistante − qui accompagne d'autres formes de dépression, et elle ne justifie pas la prise d'un antidépresseur. En revanche, la luminothérapie pourrait être bénéfique à Bernard.

Le désir physique et la libido

• **Le signe par excellence de la dépression** est la perte du désir physique. Il est le premier signe à apparaître et le dernier à disparaître. Mais il faut aller plus loin dans cette explication car le véritable dépressif ne ressent plus rien. On peut dire qu'il est comme anesthésié physiquement et psychiquement et qu'il se sent d'ailleurs victime de cet état de fait.

Sa libido à proprement parler est au point mort. Ce dont vous pouvez être sûr, c'est qu'il ne vous parlera pas de ses problèmes.

Le dépressif subit une véritable mise à distance des autres. Ce n'est pas qu'il veut s'éloigner de son entourage, mais il se sent séparé de lui en raison de son insensibilité. Il est d'ailleurs assez courant de voir une personne dépressive ne même plus éprouver de sentiments pour ses proches. Cette anesthésie affective fait que la dépression d'un parent est une maladie très dangereuse pour les enfants, qui la vivent comme un véritable abandon. En fait, le dépressif voit sa vie comme à travers un miroir. Il ressemble, si l'on ose la comparaison, à un poisson dans son aquarium qui voit la vie autour de lui sans pouvoir s'y intégrer.

• **Chez le déprimé**, le désir physique agit en dents de scie. Cela va et vient selon les circonstances. Contrairement au dépressif, il s'épanchera volontiers. Il peut même vous confier être devenu impuissant ou ressentir une absence de désir et de plaisir pour chercher auprès de vous un certain réconfort. Son affectivité continue à fonctionner, même s'il crie haut et fort qu'il veut rester seul. Il y a dans le comportement du déprimé quelque chose qui relève de la manipulation. Il dit « qu'il ne veut pas vous voir », mais en fait il n'attend qu'une chose : que cette injonction vous pousse davantage vers lui. Ce n'est cependant pas une raison pour minimiser sa souffrance, car celle-ci est bel et bien réelle.

Les plaisirs quotidiens

• **La dépression** permanente, un arrêt brutal des activités qui jusque-là faisaient partie des désirs et des plaisirs habituels signent cet état dépressif. Si votre proche cesse de pratiquer les activités qu'il appréciait, c'est aussi parce qu'il est incapable désormais d'en tirer le moindre plaisir. Et plus vous lui remettrez en mémoire ses plaisirs perdus, plus il souffrira, car si aujourd'hui il est incapable de ressentir quoi que ce soit hormis sa souffrance, le souvenir du plaisir, lui, est toujours présent.

• **Le déprimé**, quant à lui, est capable de ressentir du plaisir. Peut-être diminuera-t-il le rythme de ses activités favorites, mais il ne les abandonnera pas complètement. Il pourra se faire prier pour vous suivre lorsque vous lui proposerez une balade à vélo, mais, une fois les pieds sur le pédalier, les sensations lui reviendront. Le déprimé est capable de trouver dans ses passions habituelles un moyen d'échapper à sa souffrance et à sa douleur, ce qui est impensable pour le dépressif.

┌─ Ⓘ Lᴇ ᴄᴀs ᴅᴇ Nɪᴄᴏʟᴇ Ⓘ ──────────────────┐

Nicole était une jeune femme enjouée, sportive, qui aimait passer ses soirées avec des amis. Elle était toujours la première à organiser des dîners, des fêtes où elle dansait jusqu'à une heure tardive, à prendre ses skis pour entraîner le groupe sur les pistes. Depuis le début de sa dépression, Nicole s'est enfermée. Ses amis la sentent absente. Elle ne leur téléphone plus, refuse la moindre sortie au prétexte qu'elle est très fatiguée (ce que d'ailleurs elle est). Nicole est devenue une autre. Ses amis s'inquiètent car la jeune femme semble désemparée, n'avoir plus de goût à rien, elle ne comprend pas ce qui lui arrive. Sur leur insistance, elle finit par consulter un médecin. Lors de l'interrogatoire, la jeune femme explique que sa mère a déjà eu des dépressions, notamment après la naissance de sa fille. Le médecin diagnostique une dépression héréditaire qui justifie la prise d'un antidépresseur et d'un thymorégulateur. Cela fait maintenant trois mois que Nicole est suivie et qu'elle prend son médicament. Sans être complètement guérie, elle recommence cependant à avoir une vie sociale.

└──────────────────────────────────┘

Les troubles alimentaires

Y a-t-il perte ou prise de poids ? Dans la déprime ou la dépression, les troubles de l'appétit sont la règle.

• **Le dépressif** maigrit brutalement et de façon régulière, il ne s'agit pas d'un refus alimentaire mais d'une incapacité à se nourrir. Manger lui coûte, on doit le solliciter en permanence car l'envie, le désir, la faim en somme, semblent l'avoir abandonné. Cela n'a rien à voir avec l'anorexie, qui est un interdit qui s'impose aux patients. Soyez vigilant car c'est souvent dans le regard des autres que le dépressif réalise qu'il a maigri. Il cache cette perte de poids qu'il vit comme une honte, un signe de plus, qui le culpabilise.

• **Pour le déprimé**, qu'il soit dans le trop ou le pas assez, la nourriture devient un problème. Le jeûne est un moyen reconnu de calmer sa souffrance, les fakirs en sont la preuve ! Au contraire, la boulimie lui permet de compenser et de trouver une juste rétribution au malheur qui lui arrive. L'appétit du déprimé est donc fluctuant.

De toute façon, manger n'est pas neutre, et les cures d'amaigrissement traduisent souvent une entrée dans la dépression.

La relation au temps

• **Si le dépressif** est un homme sans histoire, le déprimé a, lui, une histoire douloureuse. Le premier ne peut s'appuyer sur un passé qu'il juge nul, ni se projeter dans un avenir qui l'effraie. Il est dans le présent de sa souffrance, concentrant ses efforts sur l'instant qui suit en s'accrochant aux détails quoti-

diens : « Je dois nourrir mon chat... », « J'ai un cré-
dit à payer ». Le temps et surtout la durée ont
disparu de sa vie.

• **Le déprimé** vit le poids du temps, le temps
interminable qui au gré de l'humeur va changer. Il
le fuit dans le sommeil, l'affronte dans l'insomnie,
le perd dans vos conversations, le subit quand vous
partez, mais surtout s'en allège quand vous l'aidez à
se distraire. Il peut — et c'est un signe — jouir de
l'instant quand vous le sollicitez, le faites rire ou
pleurer — mais pour combien de temps ? La souffrance lui laisse encore de l'espace pour vivre, et ces
instants d'accalmie procurent souvent chez les autres
un sentiment d'authenticité.

Les douleurs physiques

Aujourd'hui, on reconnaît que les douleurs soma-
tiques qui ne peuvent être attribuées à aucune cause
physique précise relèvent, une fois sur deux, d'un
problème dépressif. Dans les autres cas, elles accompagnent un trouble anxieux et névrotique ou sont la
conséquence d'une crise existentielle qui ne trouve
pas sa solution et qui ne se réfère à aucune pathologie répertoriée.

Tout syndrome psychique s'accompagne de
troubles physiques, et la logique qui voudrait que
l'on parle plus de sa douleur morale que de ses
troubles physiques est fausse. Pour ce qui est de la
maladie dépressive, la réalité est plus simple : la mise

en avant des préoccupations physiques dépend du mode de fonctionnement du souffrant et de sa prise en charge psychologique ou médicale, en fait de son interlocuteur. Les personnalités psychorigides sont celles qui somatisent le plus. Derrière les troubles physiques qu'elles expriment se cache souvent une véritable dépression. Ces douleurs sont parfois si intenses qu'elles font écran à la douleur morale, ce qui explique pourquoi vous, et même le généraliste, ayez du mal à la repérer.

• **Tout dépressif** souffre physiquement, et seule l'expression de ses douleurs varie. Celle-ci constitue d'ailleurs exceptionnellement le signe unique de la maladie. Ne perdez pas de vue que vous êtes souvent le seul interlocuteur, le seul observateur, à même de déceler les changements qui peuvent, dans sa vie, évoquer une dépression, et donc le seul à pouvoir faire le lien entre cette dernière et les douleurs physiques ressenties. Vous seul pouvez remarquer qu'il dort moins bien, qu'il maigrit et n'éprouve plus de désir tant dans sa vie quotidienne que sexuelle. C'est une douleur sourde, chronique, résistante au traitement et aux antalgiques les plus puissants. Rappelons que la dépression peut faire le lit de maladies graves !

Ne vous étonnez pas si la personne dépressive vous objecte que sa douleur mentale n'est que la conséquence de ses troubles physiques. Encore une fois, vous êtes le seul à pouvoir saisir la réalité avant qu'elle ne se lance dans la course infernale des visites aux médecins spécialistes.

Servez-vous de ces douleurs physiques pour aborder le vrai problème, c'est-à-dire la douleur psychique.

• **Chez le déprimé**, la douleur parle et sa cartographie est immense. Est-elle vraie ? En tout cas, c'est une piste à ne pas négliger, d'autant que ces somatisations sont parfois baladeuses et peuvent d'un jour à l'autre trouver une autre cible médicale. Les adages populaires en attestent : on a des problèmes de dos, des ennuis plein la tête, la peur au ventre... Variables, ces douleurs le sont aussi par leur intensité et leur constance. Il ne faut pas non plus ici s'en faire une religion et se dire que cela passera tout seul. Toute douleur inexpliquée doit conduire à enquêter pour en comprendre l'origine.

> ## MARIE SE CONFIE SUR SON BLOG
>
> *Marie est une jeune femme qui souffre régulièrement de maux de tête. Au-delà de ces symptômes, on découvre que Marie est une personne déprimée (même si, ainsi qu'elle le raconte, son médecin lui dit qu'elle est « dépressive »). Ce qu'elle écrit sur son blog (journal intime sur Internet, que peuvent lire d'autres internautes et y réagir) illustre parfaitement, chez les personnes déprimées comme chez celles qui sont*

dépressives, la cohabitation qui existe entre la souf-
france psychique et d'intenses douleurs physiques.

« Cela a commencé hier au lever. Cet horrible mal de tête comme tous les jours... encore et encore. Au fur et à mesure de la journée la crise s'est installée. Sournoisement mais sûrement. Le docteur dit que cela vient de ma « dépression » et que celle-ci n'arrange rien. J'ai toujours eu mal à la tête, tous les jours, et ça ne me quitte pas, mais les crises, les vraies (certaines m'ont même conduite à l'hôpital) étaient tout de même un peu espacées. Maintenant, elles apparaissent de plus en plus souvent ! Je peux rester 24 heures à ne plus supporter le moindre bruit, la moindre lumière, même ma respiration me fait comme une résonance dans la tête !

Tous mes problèmes viennent de ma tête, j'en suis certaine ! Dès que les mauvais souvenirs surgissent, je suis dépressive, et une crise apparaît. Pfffffffff... il faut vraiment trouver un bon traitement pour les migraineux ! »

LES PHÉNOMÈNES DOULOUREUX

Ils peuvent concerner tous les organes. Classiquement, on les décrit comme résistant à tout traitement, y compris les analgésiques. Ces douleurs se fixent généralement sur un seul organe, contrairement à ce que l'on observe dans l'hystérie, où elles se déplacent : ainsi,

20 % des personnes dépressives se plaignent de troubles gastro-entérologiques, 10 % de troubles cardiologiques, autant de troubles respiratoires, de céphalées ou de dorsalgies et de lombalgies.

Les autres signes physiques

Les expressions du visage et la voix sont également à prendre en considération. En observant votre proche et en écoutant sa voix, il vous est possible de repérer certains signes qui ne trompent pas.

• **Si votre ami est dépressif**, son visage n'exprime plus aucun sentiment. Il vous offre un masque de tristesse figé, avec un regard inhabité. Il a du mal à vous parler. Sa difficulté à accepter de vous rencontrer ou de parler avec vous tient au fait qu'il va être obligé de faire un effort considérable pour s'exprimer. Le dépressif peut ainsi rester prostré pendant plusieurs jours. Il s'exprime d'une voix atone, linéaire, sans expression. Il cherche parfois ses mots en raison de ses trous de mémoire, vous pouvez même avoir l'impression qu'il fait des efforts pour vous parler. En fait, vous êtes obligé de lui tirer les mots, mal articulés, de la bouche, car le simple fait de s'exprimer lui demande beaucoup d'énergie. La qualité de son langage tend vers la pauvreté.

• **S'il est plutôt déprimé**, son visage et sa voix s'animent lorsqu'il parle de sa souffrance, car il veut que vous en mesuriez l'intensité ! L'intonation de sa voix oscille entre la plainte et la violence selon les termes de la conversation.

Pour recevoir au mieux sa souffrance, qu'il soit dépressif ou déprimé, sachez l'écouter (voir p. 27).

LES SIGNES PHYSIQUES LES PLUS FRÉQUEMMENT ASSOCIÉS À LA DÉPRESSION

• Les troubles digestifs

Ce sont :

— perte de l'appétit

— douleurs d'estomac

— constipation résistant aux médicaments

— amaigrissement important

— boulimies rares et souvent associées à d'autres troubles (hypothyroïdie, par exemple, voir p. 00).

• Les troubles neuropsychologiques

Ils conduisent la personne à une véritable inhibition physique et psychique :

— céphalées résistantes

— fatigue générale prédominante le matin

— crampes et tremblements

— troubles urinaires.

• Les troubles sexuels

Il s'agit de :

— baisse de la libido

— impuissance

— frigidité.

Les signes mentaux

La douleur morale

Qu'il soit déprimé ou dépressif, votre proche souffre. Il n'est pas question de porter un jugement de valeur sur l'intensité de sa douleur, mais il est important de comprendre l'apparence qu'elle revêt. En effet, la douleur du déprimé ne ressemble pas à celle du dépressif.

• **Le dépressif** ressent une douleur sourde, permanente, qui ne lui laisse aucun répit. Il a la sensation qu'elle vient de l'intérieur et le domine complètement. Elle l'épuise car elle le plonge dans une lutte constante où il oscille entre survivre et disparaître. Disons que cette douleur prend la forme d'un visiteur noir devant lequel le dépressif se sent complètement impuissant. Cette souffrance est si pénible que toute personne ayant eu affaire avec la dépression en garde sa vie durant la mémoire.

• **Chez le déprimé**, la souffrance est bien différente : elle est construite, réactive, existentielle au sens où c'est une douleur vive. À l'inverse du dépressif, le déprimé connaît des hauts et des bas. Parfois, sa souffrance est insupportable ; parfois, il arrive à faire avec.

Pour repérer la nature de la douleur dont votre proche est victime, l'erreur serait de vous fier à son intensité. En revanche, la façon dont il l'exprime peut vous mettre sur la piste : le déprimé exprime sa souffrance par la plainte, tandis que le dépressif reste le plus souvent muet.

UN CRITÈRE TRÈS DISTINCTIF : LA PERMANENCE DE L'ÉTAT

Ce qui marque vraiment la différence, c'est la constance de l'état de la personne dépressive. Quelles que soient vos intentions ou vos propositions pour l'aider à sortir de sa situation, rien n'y fait. À l'extrême limite, elle acceptera certaines de vos propositions pour vous faire plaisir, comme aller au cinéma, mais cela n'améliorera en rien son état car elle ne ressent rien. La douleur morale étant à son comble, le dépressif est impossible à mobiliser. À l'inverse, si votre proche est plutôt déprimé, il peut occasionnellement être sensible aux bonnes nouvelles que vous lui annoncerez, rire à une blague... Cela dépend de son état d'esprit du moment.

L'anxiété

L'anxiété est le caractère même de la déprime car le vrai dépressif n'est ni anxieux ni angoissé. Il est dans un état tel qu'il ne ressent même plus d'appréhension vis-à-vis de l'avenir, il est comme anesthésié. La peur de la vie est même complètement dépassée.

L'anxiété du déprimé peut être d'intensité variable. C'est d'ailleurs sur ce degré d'intensité que les médecins se fondent pour établir leur traitement.

Le sentiment de culpabilité

C'est le trait distinctif entre dépression et déprimé.

• **Le dépressif** est le responsable et l'artisan de ses malheurs. Tout vient de lui, tout est de sa faute. Il est comme habité d'une force maléfique dont vous sentez le poids, semblant opposer à vos efforts pour l'aider une inertie et une résistance peu communes. Il convient d'en prendre la mesure car le poids de cette conviction fait tout le danger de son état. Le dépressif se juge inutile, parfois dangereux pour son entourage. On est loin de la dévalorisation, et une interrogation sur ses idées noires s'impose.

• **Le déprimé** n'est pas une forteresse habitée mais assiégée ! À tort ou à raison, il voit la cause comme extérieure à lui. Il n'en peut plus, il est à bout, et ses efforts sont vains. Le danger est que cette belle lucidité ne fait que l'enfermer. Il répète, rabâche, et le cercle de ses victimes se rétrécit. L'un de ses leitmotive est « Je n'en peux plus ! » ou « Cette fois, je suis à bout ! ». Comme son malheur vient de causes extérieures qu'il peut identifier, sa vie, pense-t-il, serait bien meilleure une fois celles-ci disparues. Mais ces causes ne lui semblent pas toujours surmontables, ce qui peut le conduire à des pensées suicidaires.

Au final, coupable ou victime, dépression ou déprime, quel que le soit le côté du miroir où votre proche se trouve, c'est la même souffrance qui s'exprime et le même risque qui se présente : le suicide.

PATRICK OU LA DÉTRESSE DU MONDE

Patrick a 28 ans. Depuis quelque temps, il se sent mal. Pour lui, le monde est « pourri », et il n'y a plus rien à en attendre. Patrick pense qu'il est peut-être trop sensible et que ce sont les médias qui, avec « leurs torchons », sont la cause de son malheur. Voici ce qu'écrit sur son blog ce jeune homme déprimé :

« Encore ! Comme si ça ne leur suffisait pas d'annoncer les mauvaises nouvelles... Non, mieux, il faut qu'ils nous les montrent... On veut nous détruire... Le monde est foutu, pourri, aveugle... Pourquoi nous montrer ces corps d'enfants gonflés d'eau, ces milliers de photos de morts placardées ?... Gros plan sur l'horreur... Écrivez-moi... Dites-moi qu'il existe quelque part une plage de bonheur... »

L'irritabilité et les changements d'humeur

• **Le dépressif**, contrairement à ce que l'on croit, ne change pas d'humeur constamment. Si la personne se trouve confrontée à une situation qui, d'ordinaire, génère chez elle une certaine irritabilité, elle restera de marbre. Cette incapacité à réagir aux événements extérieurs tient au fait que le caractère du dépressif est inhibé par la dépression. Son humeur est constamment tournée vers la tristesse.

• **La déprime,** elle, accentue les traits de caractère. Une personne facilement irritable le sera d'autant plus qu'elle traverse une phase de déprime. Il en est de même pour ceux dont l'humeur varie facilement – on parle alors de labilité de l'humeur. Si votre proche avait déjà pour habitude de passer sans transition de la bonne à la mauvaise humeur, il y a de fortes chances pour qu'aujourd'hui ce trait de caractère se trouve encore plus marqué. Un jour vous le voyez en forme, et le lendemain, complètement accablé.

L'INTOLÉRANCE AU BRUIT

Qu'il soit dépressif ou déprimé, votre proche a du mal à supporter le bruit, notamment parce qu'il ajoute à la fatigue déjà ressentie. Dans un cas comme dans l'autre, le bruit est vécu comme une agression.

La relation à autrui

• **Le dépressif**, ne trouvant aucun bénéfice dans la relation à l'autre puisqu'il se trouve privé de ressenti, s'isole, mais bien malgré lui. Il ne décroche pas le téléphone quand on l'appelle.

• **Le déprimé** s'isole aussi, mais cette rupture des relations avec autrui est voulue. Elle correspond au désir – conscient ou inconscient – d'attirer l'attention sur lui, car ce que le déprimé souhaite avant tout, c'est, paradoxalement, que l'on s'occupe de lui. Il est dans la fuite, mû par un sentiment d'abandon. Lorsqu'on l'appelle au téléphone, il met en route son répondeur mais finit, après plusieurs messages, par rappeler.

L'activité professionnelle

• **Le dépressif**, malgré ses trous de mémoire, sa difficulté de concentration et d'attention, tente, comme il le peut, de lutter pour masquer son trouble. Il est dans la dissimulation de sa souffrance. Bien sûr, on observe chez lui un rendement qui n'est plus aussi efficace qu'avant sa maladie.

• **Le déprimé** se caractérise plutôt comme une personne qui en a assez de son travail et qui a du mal à suivre le rythme. Sa souffrance prend le pas sur les tâches qu'il doit accomplir. Il se met à avoir une position négative par rapport à ce qu'il fait et se porte volontiers absent. Disons qu'il oscille constamment entre « ce qui m'arrive est plus important que tout » et « il faudrait tout de même que j'y arrive ». Cette hésitation le maintient dans une dualité, alors qu'il serait tout à fait capable de s'inscrire dans une activité très prenante et de retrouver ses automatismes de travail.

LE CAS DE CHANTAL

Chantal occupe un poste de commerciale dans une entreprise de technologie de pointe. Depuis quelque temps, elle n'arrive plus à trouver de nouveaux clients, ce qui la met en réelle difficulté vis-à-vis de sa hiérar-

chie. En fait, Chantal a du mal à se concentrer lors de ses rendez-vous. Décrocher son téléphone est un effort qui lui devient surhumain. Elle mélange ses dossiers, le tout sur fond d'immense fatigue. Pour essayer de s'en sortir, elle a mis en place de nouvelles stratégies et s'est lancée dans la refonte totale de son fichier de clientèle, ce qui ne lui est d'aucune efficacité ! Ses collègues lui disent qu'ils ne la trouvent pas en forme, s'inquiètent d'elle, mais Chantal n'a aucune réponse à leur fournir hormis le fait qu'elle traverse une mauvaise passe. Ce n'est qu'au bout d'un mois que la jeune femme se décide à consulter. En fait, elle est dépressive. Le médecin lui prescrit donc un traitement par antidépresseurs et la met en arrêt de travail, car, pour l'instant, tous les efforts qu'elle fait pour masquer sa maladie ne peuvent que la conduire à une mise à pied. Chantal n'est pas en état d'assumer efficacement la charge de travail qui lui incombe.

Le ressenti

La façon dont votre proche réagit aux sentiments ou aux événements est un signe sans aucune ambiguïté.

• **Le dépressif** ne ressent plus rien, il est comme un tronc de bois mort.

• **Le déprimé**, au contraire, ressent tout de façon beaucoup plus aiguë que d'habitude. Il se sentira littéralement abandonné par l'ami(e) qui vient de rompre leur relation, surtout si l'abandon fait partie d'une problématique récurrente chez lui.

Les cycles

• **Ce qui fait la spécificité de la dépression**, c'est le caractère cyclique du mal. Si vous observez que votre proche va mal toujours à peu près à la même période, il y a de grandes chances pour qu'il s'agisse d'une dépression. Il faut savoir que les intersaisons sont des moments privilégiés pour l'apparition de la maladie.

Les cycles peuvent avoir tendance à se rapprocher. On voit même ce qu'on appelle des « rapides cycleurs », c'est-à-dire des personnes qui ont des dépressions très récurrentes. En général, chez ces individus, le temps de la maladie comme celui de la rémission reste court.

• **Chez le déprimé**, les cycles de l'humeur sont dus à la variation de ses émotions vis-à-vis du monde extérieur. Si, malgré sa souffrance, il peut être perméable à la joie ou au plaisir d'une activité qu'il affectionne, cela n'a rien à voir avec les cycles de la dépression, qui sont liés aux variations des taux de neuromédiateurs en carence ou en excès, à l'origine de la dépression.

Les pleurs

• **Le dépressif** est un être qui ne pleure plus, car pas plus qu'il ne lui est possible d'exprimer ses sentiments il ne peut mettre au grand jour la souffrance qui l'étreint.

• **Le déprimé,** en revanche, est une personne qui laisse couler ses larmes – il est vrai qu'il pleure en général sur lui-même, mais il n'empêche qu'il pleure ! Il faut comprendre que le déprimé devient une sorte de caricature de lui-même. Si, avant le début de sa déprime, il était anxieux, il aura tendance à l'être encore davantage. S'il était obsessionnel, ses obsessions se feront plus nombreuses et plus présentes, etc.

Le déprimé est une personne qui reste sensible au deuil, à la perte. Il est capable d'éprouver un sentiment d'abandon, ce qui n'est absolument pas le cas du dépressif, qui, lui, se trouve amputé de tous ses affects.

Les idées de mort

Nous stigmatisons dans ce livre l'équation suicide = dépression, car elle est non seulement fausse, mais sans doute aussi le refuge de nos bonnes consciences... Une maladie, c'est si pratique ! Ce procès n'enlève cependant rien à la **dangerosité de la dépression**, 15 % des gens atteints de cette maladie, estime-t-on, passant à l'acte. Le dépressif ne vous le dira pas plusieurs fois, une seule lui suffira pour montrer qu'il n'est pas entendu ! N'écartez jamais une telle révélation, sachez discerner les idées de mort dans son discours et plus encore sachez l'interroger, même si parler de mort dérange.

Dans la déprime, les idées de mort sont également évoquées. Elles s'organisent comme une véritable construction, et le paradoxe veut que cela soit chez le déprimé sa façon à lui de s'en sortir, de se redonner espoir. Il s'agit donc d'un mécanisme actif. Les idées noires vont s'organiser comme un véritable système qui lui donnera la force d'en finir. Ne vous fiez pas à lui quand il affirme « Je n'en aurai pas le courage ». Pis, un arrêt brutal de la souffrance doit vous alerter sur le fait que sa décision est prise.

LES BONNES QUESTIONS À POSER

Pour vous aider à identifier chez un proche une souffrance psychique intense, voici une liste – non exhaustive – des questions que vous pouvez lui poser et qui vous aideront également à déterminer s'il souffre plutôt d'une dépression ou d'une déprime.

- Souffre-t-il de douleurs chroniques ?
- Que vous dit-il au sujet de son sommeil ?
- Se plaint-il d'être fatigué ?
- Ressent-il du désir physique ?
- A-t-il abandonné son sport ou son activité favorite ?
- A-t-il maigri ?
- La douleur morale qu'il éprouve est-elle permanente ou va-t-il mieux de temps en temps ?
- Est-il anxieux ?

- Fait-il porter la responsabilité de son malaise sur les autres ou sur lui-même ?
- Est-il irritable ? A-t-il du mal à supporter le bruit ?
- S'isole-t-il ou recherche-t-il la compagnie ?
- Comment se comporte-t-il au travail ?
- Ressent-il les choses comme avant ?
- Peut-il se projeter dans l'avenir ?
- Avez-vous l'impression que cet état est cyclique, qu'il se sent moins bien à certaines saisons ?
- Pleure-t-il souvent ?
- Y a-t-il des situations de l'existence qu'il ne supporte pas (conflit, abandon, perte...) ?

Mettre un mot sur la souffrance

L'impression que vous avez que son problème vient de lui ou de sa vie, la sensation qu'il a d'être le seul coupable de sa souffrance ou victime de quelque chose ne tient qu'à la place prise par sa souffrance, aux capacités qu'il a à se défendre contre elle. Par exemple, lorsque la cause est génétique, le dépressif ne peut se rendre compte de l'origine de son malaise, lequel, faute de défense, va envahir tout le champ de sa pensée. Le déprimé, à des degrés différents, est en lutte avec quelque chose qui l'envahit, qui ne lui appartient pas et qu'il vit donc comme extérieur. La distinction entre déprime et dépression ne définit que ceci : le domaine de la lutte pour lui, le domaine d'intervention pour vous. Suivant la place prise par la souffrance, votre proche va donc la vivre différemment et la formuler de plusieurs façons : « Ma vie me fait souffrir », « Je souffre comme je suis », « Je souffre donc je suis » et « Je souffre, tout court ».

« C'est ma vie qui souffre »

La version des faits la plus communément reconnue par votre proche est que c'est la réalité qu'il vit aujourd'hui qui le déprime. Vous voilà devant un problème de taille, car rien n'est plus difficile à soigner que la réalité... Il est clair que vous pouvez difficilement payer ses impôts à sa place ou l'aider à quitter un conjoint qui lui fait du mal.

Une seule recette, la résilience, dont je vous rappelle la définition littérale : « capacité de résister aux chocs des matériaux ». Ce qui, appliqué à la vie, revient à accepter la réalité telle qu'elle se présente. Mais cette acceptation ne doit pas déboucher sur la victimisation, ni sur le fatalisme. Il s'agit au contraire d'élaborer une technique, une gymnastique psychique qui permettent d'absorber les événements douloureux en leur présentant la partie la plus souple de son individu, voire la plus réactive. Il est question ici d'apprendre à bien réagir.

Accepter sa souffrance et savoir qu'on peut l'atténuer représente bien sûr un progrès, car, dans cette démarche, votre proche quitte des yeux l'objet qui le fait souffrir. Il investit de sa souffrance une partie de lui-même, charge à l'autre partie de dépasser l'obstacle.

Ici, votre rôle ne consiste pas à accepter les plaintes lancinantes qui ne font qu'aggraver le problème ; votre mission est de faire taire la partie qui pleure en votre proche pour ne valoriser que celle qui combat. Mettez le doigt sur ce qui l'empêche de réagir : par exemple, les huit verres d'alcool qu'il boit pour tenir le coup, pour oublier son passé d'abandonné... et le reste. Ne vous apitoyez pas sur sa souffrance, aidez-le à la combattre. Vous le mettrez ainsi sur le chemin d'une aide psychologique. Le psy ne va pas faire disparaître sa souffrance, il va lui redonner la force de combattre, de se reconstruire, d'éliminer les effets du traumatisme qu'il a vécu. Il doit redevenir celui qu'il a été, celui que vous avez connu.

Marion et son mari

Quand Marion s'est présentée devant moi, cette jeune femme mariée depuis dix ans semblait totalement désabusée. De ses propos, il ressortait clairement qu'elle ne vivait pas sa vie mais qu'elle la subissait comme une fatalité. Son mari, directeur du marketing d'une grande marque automobile, était souvent en voyage. Quand il était à Paris, il rentrait tard le soir en raison de ses nombreuses obligations profession-nelles, et les rares fois où il était disponible c'était pour regarder un match de foot. Bien sûr, Marion ne manquait de rien : si elle souhaitait partir en vacances à l'autre bout du monde avec une amie, il lui offrait ses miles. Il lui avait ouvert un compte joint où elle pouvait puiser comme cela lui plaisait. Pourtant Marion était foncièrement malheureuse, et depuis quelque temps elle se sentait très mal. Après s'est plainte auprès de ses amis, elle avait fini par se résigner. La dévalorisation était devenue son emblème, et dans nos séances, le « de toute façon je ne vaux rien » revenait comme un leitmotiv ! Pourtant, en la faisant parler, j'appris que Marion peignait beaucoup, qu'elle aimait l'art et qu'elle avait fait les beaux-arts, mais finalement qu'elle n'avait jamais su se faire reconnaître à travers ses dons. Au fur et à mesure des séances, j'ai appris à cette jeune femme à retrouver confiance en elle. Quelques mois après, avec le soutien de ses amis, elle ouvrait une galerie. Aujourd'hui, Marion vit pleinement sa vie, et les rapports avec son mari se sont améliorés.

« Je souffre comme je suis »

Même s'il en a une perception relative, votre proche sait que, au-delà des événements douloureux qu'il vit, c'est sa façon de se présenter au monde, sa position face à la réalité qui génèrent chez lui une souffrance.

Comme cela lui est désormais devenu insupportable, il vous appelle au secours. Ce qu'il est, ce qu'il vit, il ne le supporte plus, et il a conscience qu'entre lui et le malheur se sont tissés des liens dont il ne peut plus se défaire.

C'est l'histoire de sa vie qui génère sa souffrance. Il n'est pas dans le déni de son malaise et il se retourne vers vous comme on se regarderait dans un miroir. Sa question pourrait se résumer ainsi : « Toi qui me connais, qu'est-ce qui ne va pas chez moi ? » Spectateur et acteur de sa souffrance, il se sent amputé de toute objectivité.

Pour que cette souffrance s'apaise, vous devez l'aider à prendre conscience de ses failles. Il n'est pas question en l'occurrence de donner votre avis, mais de l'aider à aller au bout de sa réflexion en lui posant les questions qui vont le remettre sur le chemin d'un véritable dialogue intérieur. La vérité que vous avez au bord des lèvres doit sortir de sa bouche, non de la vôtre.

Cette écoute féconde doit le conduire à prendre des décisions. Là se situe la deuxième étape de votre travail. Vous l'avez accompagné dans sa réflexion, vous devez maintenant l'aider à aller au bout des décisions qu'il aura prises. C'est un véritable travail de thérapie comportementaliste (voir p. 203).

GEORGES ET SA FEMME

Georges est le maître partout, dans son entreprise, dans son groupe d'amis, dans son équipe de sport, mais chez lui c'est Brigitte, son épouse, qui, sous des allures d'ange, dirige tout.

Brigitte dépense sans compter, le trompe quand elle en a envie, et Georges subit sans mot dire, jusqu'au jour où il se sent envahi par une véritable souffrance. Son éducation, le regard des autres, son souci de la perfection lui ont fait tout supporter au nom de l'harmonie familiale. Aujourd'hui, ce sont ses enfants qui sont en danger. Les provocations de Brigitte ont débordé le cadre de leur intimité. Dès lors, Georges ne voit que le divorce pour mettre un terme à sa souffrance. Il se sent perdu.

Pourtant, il est amoureux de sa femme et a le sentiment qu'elle l'aime aussi. Il sait qu'elle ne pourra jamais vivre sans lui parce qu'elle le lui a dit. Elle explique ses provocations par son besoin de liberté, son désir de faire quelque chose pour elle, qui lui appartienne vraiment. Elle lui concède qu'elle ne trouve pas sa voie.

En fait, ce perfectionniste invétéré a édifié autour de sa femme une prison dorée. Son comportement est le moyen que Brigitte a trouvé pour se sentir vivre, même s'il constitue une réponse problématique au comportement lui-même problématique de Georges. Lorsqu'il parvient à en prendre conscience, Georges comprend qu'ils sont tous les deux responsables de

> *leurs souffrances réciproques. Ils décident alors d'entamer une thérapie de couple qui, une fois le problème identifié, les aidera à se reconstruire. Pour se débarrasser de sa souffrance, Georges devra accorder à Brigitte un espace privé, où elle pourra avoir une vie à elle et apaiser ainsi son sentiment d'insécurité.*

« Je souffre donc je suis »

La souffrance semble être constitutive de la vie de votre proche. Elle est ponctuée d'éléments douloureux qu'il évoque comme les pièces d'un puzzle mais qui ne prennent pas sens et qui ne constituent pas une histoire libératrice. Il vous raconte tout cela comme un film projeté sur un mur, un film avec lequel il n'aurait plus aucun rapport, dont il ne serait plus l'acteur. En un mot, il semble avoir perdu le fil de son histoire.

Il faut le remettre dans l'émotion de ces moments dont parfois vous avez été témoin, lui faire revivre ses souvenirs refoulés pour que ceux-ci prennent enfin un sens. Si son passé lui apparaît par bribes, l'essentiel est caché car trop douloureux pour lui. On est toujours fasciné par les situations les plus traumatisantes alors que c'est souvent un événement anodin, un grain de sable transformé en montagne dans son regard d'enfant qui fait aujourd'hui sa souffrance.

Ces événements, refoulés dans son inconscient, sont souvent accessibles. Ce ne sont que des moments de sa vie que votre proche a oubliés. Mais il arrive qu'ils soient inaccessibles, quand, par exemple, il s'agit de secrets de famille.

S'ils ne sont que refoulés, c'est par l'émotion que vous allez essayer de les faire remonter. Si vous suspectez un secret de famille, accompagnez-le dans son enquête sur ce passé qui lui échappe, à l'exemple de Jeanne (voir ci-dessous).

Le pouvoir est rendu à celui qui écoute. Cette démarche constitue les prémices de la cure analytique (voir p. 202). Vous allez faire sentir le poids des mots à la personne que vous aidez, car seule la parole est libératrice.

JEANNE ET SON DOUBLE

Jeanne est obsédée par la mort de ses proches. Sa vie est une perpétuelle anticipation des catastrophes à venir, une tentative incessante de maîtriser la réalité et ses risques. Pis, Jeanne vit avec une sorte de « double » dont la présence est presque physique, une sensation hallucinante et hallucinée. C'est comme si elle avait donné un visage, une existence à la dépression qui l'habite. Tout a été tenté pour la libérer de sa souffrance, des neuroleptiques aux antidépresseurs, en passant par diverses thérapies.

La jeune femme se prête volontiers aux soins. Elle semble penser qu'elle est devenue folle et a fini par se convaincre que c'est son esprit qui a fabriqué cette présence.

Curieusement, les antidépresseurs et les neuroleptiques, habituellement efficaces pour ce genre de symptômes, sont restés sans effet. Une séance d'hypnose, en dernier recours, a été envisagée pour la soulager. Après cette séance, à l'inverse de ce qu'elle ressent d'habitude, cette « présence » est devenue rassurante et souriante. Elle a quelque chose du visage de sa mère, et Jeanne accueille bien ce phénomène.

Mais, un jour, elle rencontre une décoratrice qui lui fait remarquer qu'elle a un besoin de symétrie très particulier. Jeanne en parle à sa mère, qui finit par lui avouer qu'elle a eu une jumelle, morte à la naissance. C'est en toute bonne conscience, pour la protéger d'une souffrance, que sa mère lui a caché ce drame.

Les secrets de famille sont en général bien gardés, dans l'intention louable de ne pas faire de mal. Ils n'ont pas forcément trait, comme on le pense souvent, à quelque chose de honteux.

Lorsque Jeanne apprend la vérité de la bouche de sa mère, elle est en mesure d'identifier la cause du phénomène de dédoublement qu'elle subit depuis longtemps. Connaître son histoire provoque chez elle un soulagement et lui permet de mettre sa souffrance à distance.

> *L'intervention de la décoratrice montre par ailleurs qu'un tiers, même non impliqué dans l'histoire person- nelle de quelqu'un, peut lui être, par une écoute atten- tive, d'un grand secours.*

« Je souffre tout court... »

Quand une personne va mal alors que rien dans sa vie ne le justifie, c'est le cerveau qui est malade. Le cerveau est un organe comme les autres dont on peut concevoir qu'il dysfonctionne. Nous sommes là devant la version dépressive de la souffrance psy- chique. Dans ce cas, la souffrance mentale a envahi tout l'espace mental de votre proche. Il n'a plus de réaction, seule votre présence peut le réconforter. Il relève d'une véritable assistance, et votre efficacité doit alors se traduire par une visite accompagnée chez le médecin. Pour la décision, votre volonté doit se substituer à la sienne.

Chapitre 3

Dépressif ou déprimé, protéger votre proche

Une fois examinés son comportement et les signes de sa souffrance, vous pensez que votre proche est dépressif. Plus que de bons conseils, il a besoin de votre efficacité. Vous devez le mettre à l'abri des conséquences familiales, sociales et professionnelles qui le guettent. Chacun sait que la dépression peut entraîner des dommages graves sur tous les plans. Qui n'a jamais vu un couple se séparer parce que la dépression était venue attiser des conflits familiaux déjà existants ? Qui n'a jamais vu un proche se retrouver sans travail parce que la maladie l'a rendu inefficace pendant trop longtemps ? Mais votre aide peut aller encore plus loin, car vous êtes à même de prendre toutes les mesures nécessaires pour le protéger de lui-même et de sa douleur.

Si votre proche est au contraire déprimé, votre aide consistera davantage en une écoute attentive, qui devra le guider vers les moyens de mettre fin aux causes de sa déprime.

Protéger sa vie familiale

Protéger la vie familiale revient à se concentrer sur deux points : d'une part, gérer le problème du conjoint qui, dépassé par la situation, se trouve en proie à des sentiments où se mêlent souvent incompréhension, culpabilité, colère, injustice, ressentiment ; d'autre part, gérer le problème des enfants. La dépression d'un parent est douloureuse et nécessite une aide particulière.

Et le conjoint ?

Il n'est pas rare que le couple rencontre de nombreuses difficultés si l'un des conjoints est dépressif. Le partenaire d'un dépressif confond souvent les conséquences de la maladie et ses causes, ce qui l'amène à un sentiment de culpabilité et d'impuissance. Il tente de réparer ses erreurs, de faire plaisir... En vain, car le vrai coupable est la maladie dépressive.

Le propre de la dépression est de s'installer lentement. Elle est marquée par une perte du désir, de la libido, et touche donc de plein fouet le couple à tous les niveaux, tant affectif que sexuel. Vivre au quotidien avec un dépressif est extrêmement lourd. Il est important que le conjoint prenne conscience de la réalité du problème et fasse la différence entre ce qui appartient à l'histoire de son couple et ce qui relève de la maladie. Mieux que le discours d'un médecin, rien n'est plus éclairant que le témoignage d'un autre dépressif, par exemple à travers la lecture d'un livre, la vision d'un film ou le contact avec un groupe de parole où s'expriment des personnes qui vivent la même situation.

Si vous n'êtes pas vous-même le conjoint de la personne que vous voulez aider, votre écoute et la compréhension que vous témoignerez au conjoint peuvent être plus importantes que celles que vous prêterez au dépressif lui-même. Votre aide doit concourir à prévenir une séparation qui ne ferait qu'empirer la situation. N'hésitez pas à proposer vos services, à offrir au conjoint des moments de respiration en lui permettant de mener ses activités ordinaires. Assurez vous-même une présence efficace auprès du malade.

Vous pouvez également jouer ce rôle auprès du conjoint d'un déprimé, dont la vie peut aussi être rendue difficile par la cohabitation au quotidien avec la personne en souffrance. Cela reste valable même si vous pensez que la dynamique du couple a quelque chose à voir avec la déprime de la personne en question. Régler ses problèmes de couple représentera pour le déprimé la deuxième étape de sa guérison, et les thérapeutes du couple sont là pour cela !

LE CAS DE DANIEL

Daniel est un homme dépressif depuis quelque temps. Quand je l'interroge sur sa vie conjugale, il me répond que c'est un enfer. Sa femme a mis du temps à comprendre qu'il était malade. Elle le soupçonnait d'avoir une maîtresse car il se renfermait sur lui. Sa femme cherchait une explication rationnelle qu'il était incapable de lui donner puisque lui-même ne comprenait pas ce qui lui arrivait ! Le couple s'enferrait dans une incompréhension mutuelle qui ne faisait qu'aggraver le cas de Daniel. J'ai donc demandé à rencontrer la femme de cet homme en souffrance.

Quand je lui ai expliqué ce dont souffrait son mari, elle a tout d'abord paru sceptique, convaincue qu'il allait voir ailleurs.

— « Mais docteur c'est presque du jour au lendemain qu'il a pris ses distances ! Une maladie, ça ne vient pas comme ça sans raison ! »

Je lui ai expliqué qu'il existait des dépressions sans cause, que c'était par ailleurs une maladie qui se soignait très bien. Je l'ai aussi mise en garde sur le fait qu'il était difficile de vivre avec une personne dépressive, lui conseillant, si elle le souhaitait, de se faire aider par un confrère.

Attention aux enfants

Centré sur sa souffrance, le dépressif n'a plus de contact avec lui-même et encore moins avec les autres ; comme anesthésié, il a perdu toute sensibilité. Il ne perçoit plus l'autre et ne peut plus rien lui donner. On comprend aisément que cette rupture avec l'extérieur constitue pour les enfants une véritable souffrance. Ils se trouvent devant un adulte qui a perdu toute dimension affective et relationnelle. Il n'est pas rare d'entendre : « Je sais que j'aime mes enfants mais je n'arrive plus à le leur montrer. » Cette réflexion peut se décliner sur tous les modes, mais sachez qu'elle existe presque toujours. C'est une dimension que vous devez prendre en compte, car, outre la douleur des enfants, cette prise de conscience du problème ne fait que renforcer la culpabilité de la personne malade.

Face à cette situation, le problème de la séparation se pose. Disons très clairement que séparer les enfants d'un parent dépressif revient à les mettre à distance d'une souffrance qui peut être lourde de conséquences pour leur vie future. Cette séparation permet également à l'adulte de guérir et de se reconstruire.

Devant un parent dépressif, un enfant très jeune subit l'absence de l'adulte comme un vide insupportable, un abandon incompréhensible, voire un rejet ou un désamour. Plus âgé, il aura tendance à vouloir le protéger d'un mal incompréhensible pour son âge, ce qui le renverra à un sentiment d'impuissance. Vous devez expliquer à l'enfant qu'il s'agit d'une maladie biologique, momentanée et guérissable, dans laquelle il n'a aucune responsabilité. Pour qu'il accepte la séparation, il faut aussi qu'il comprenne que celle-ci est bénéfique pour son parent malade, qui traverse une période d'épuisement. Le vocabulaire choisi doit être en rapport avec l'âge de l'enfant. Vous devez donc réfléchir à la solution la plus adéquate et la plus acceptable pour lui. Votre compassion et votre sensibilité feront le reste... votre amour aussi.

ALEXANDRE FACE À LA SOUFFRANCE DE CORINNE

Corinne est mère de deux enfants, une fille de 14 ans et un garçon de 11 ans. Corinne a dû être hospitalisée en raison d'une dépression grave. Plutôt que de vous raconter la réaction des enfants vis-à-vis de la maladie de leur mère, je préfère vous livrer cette lettre que son fils, mis en pension, lui a envoyée lorsqu'elle était hospitalisée. Elle vous en dira plus long que tout autre discours sur ce qui se passe dans la tête d'un enfant quand la maladie atteint l'un de ses parents.

« Bonjour Maman,

Papa m'a dit que tu étais très fatiguée et que c'est pour ça que tu es à l'hôpital. J'espère que ce n'est pas moi qui t'ai fatiguée comme ça, car je me souviens que tu me disais tout le temps de baisser ma musique.

Tu sais, je ne savais pas que quand on était fatigué il fallait aller à l'hôpital. Peut-être qu'il faut que je vienne moi aussi car comme toi je suis très fatigué. Tu me manques et je ne comprends pas pourquoi je n'ai que du courrier de papa et aucun de toi. Je me demande si ce n'est pas mon professeur principal, monsieur B, qui les garde parce qu'en ce moment il dit que je n'écoute rien !

J'espère que tu pleures moins car ça me fait de la peine quand t'es triste. Si c'est à cause de moi, il faut que tu me le dises vraiment.

J'ai fait l'imbécile en cours de sciences physiques mais tu peux être fière de moi quand même car aujourd'hui j'ai été honnête. J'ai trouvé une pièce de 2 euros par terre et je l'ai donnée à monsieur B pour qu'il la rende à son propriétaire. J'en ai profité pour faire un vœu : que tu sois là à la sortie du car vendredi.

Je pense beaucoup à toi et au foot aussi. J'espère que ce week-end tu seras là et que ta fatigue sera partie. Je te promets que je ne mettrai pas ma musique.

Je t'aime très fort, écris-moi STP.

Alexandre

PS : réponds surtout, j'ai peur que tu m'aimes pas. »

Protéger sa vie professionnelle

On le sait, la dépression peut avoir des conséquences assez catastrophiques, notamment sur le plan professionnel. Cela est d'autant plus regrettable que, une fois guéri, l'ancien dépressif est capable de reprendre ses activités tout à fait normalement, comme il le faisait auparavant.

Un arrêt de travail est souvent indispensable. Mais votre proche n'osera pas le suggérer à son médecin généraliste, et ce dernier n'est pas comme vous témoin de ses modifications de vie. Appelez-le et dites-lui ce que vous savez.

Le médecin du travail est, dans l'entreprise, l'interlocuteur idéal, tenu au secret professionnel. Il saura expliquer, si besoin est, l'état de votre proche à ses supérieurs pour éviter des interprétations erronées de sa baisse de régime. Il saura être son meilleur « avocat » au sein de l'entreprise.

Dans des structures plus petites, le recours aux collègues doit se faire avec précaution, en demandant l'accord de votre proche et de son médecin. Le message qui doit ressortir de votre appel est que la dépression est une maladie qui se soigne aujourd'hui parfaitement, et qu'elle n'entrave en rien ses capacités. Ce que vous cherchez à lui éviter, c'est une mise à pied dont les conséquences ne feraient qu'empirer une situation déjà suffisamment difficile.

LE CAS DE PHILIPPE

Philippe travaille dans un garage comme mécanicien. Depuis quelque temps, il va mal. Avec l'approche des vacances, il doit procéder à un nombre important de révisions de véhicules et il lui est donc impossible de se mettre en congé. Le surmenage et la pression aggravent sa dépression. Philippe n'a plus le choix, il doit s'arrêter, d'une part, parce que ne pouvant accomplir correctement son travail il met la vie des autres en danger ; d'autre part, parce que même si le garage perd quelques clients mécontents, cela sera toujours moins grave que d'être tenu pour responsable d'éventuels accidents qui pourraient le conduire à verser des sommes importantes aux victimes.

Comment le protéger
de sa souffrance ?

Le refus de se soigner est la marque de la dépression : « Je ne mérite pas qu'on s'occupe de moi » ou « Je ne crois plus en rien », dit le dépressif. Pourquoi voulez-vous, dans ces conditions, que la médecine puisse quelque chose pour lui ? Mais ce refus est loin d'être insurmontable.

Vous devez vous substituer à la volonté vacillante de votre proche et prendre rendez-vous pour lui chez un généraliste. Mieux, accompagnez-le pour être certain qu'il s'y rend bien, car votre gentillesse, votre disponibilité et votre bienveillance n'ont, malheureusement, aucun impact sur sa douleur morale. Seul un antidépresseur aura une réelle efficacité selon le type de dépression dont il souffre (voir partie 2). Sa prescription en revient, bien sûr, au médecin, et il n'est pas de votre ressort de vous substituer à ce dernier.

Si la personne dépressive a un médecin de famille, n'hésitez pas, c'est à lui que vous devez faire appel et qui décidera si elle a besoin de voir un psychiatre. Si elle n'en a pas et si vous-même connaissez un psychiatre, proposez-lui de prendre rendez-vous pour elle et de l'accompagner.

En réalité, plus que la question du choix du médecin, c'est la rapidité de la première consultation qui doit primer. Dites-vous bien que plus tôt votre proche verra un médecin, mieux cela sera. Le traitement adapté qui lui sera prescrit minimisera en effet les dommages familiaux, sociaux et professionnels qui peuvent résulter de son état. Par ailleurs, cette visite rapide écartera certains dangers, comme le suicide ou les conduites à risque.

Chapitre 4

Déprime ou dépression, le risque c'est le suicide !

La maladie dépressive tout comme la déprime peut aboutir au suicide car c'est, nous l'avons déjà dit, l'un des risques de la souffrance psychique. Les statistiques montrent même qu'elles sont impliquées à parts égales. Selon les études de l'INSERM, on recense aujourd'hui, en France et par an, 11 000 décès par suicide et pas moins de 160 000 tentatives. Dans 40 % des cas, la maladie est impliquée, ce qui signifie que, pour les 60 % restants, les gens meurent « en bonne santé ». On voit donc bien qu'en majorité la souffrance psychique reste ignorée.

Ces chiffres énormes font du suicide un véritable fléau, qui, paradoxalement, reste encore tabou dans notre société. Il est donc indispensable de dépasser votre peur d'en parler, car ce qui est dit sur le sujet s'avère souvent faux.

DES CHIFFRES QUI FONT PEUR

Dans le monde, le suicide représente 1 million de décès par an (soit 1 personne toutes les 40 secondes).

40 % des suicides sont liés à une dépression, 60 % restent inexpliqués.

PHILIPPE : CE QU'ATTENDENT ET CE QUE N'ATTENDENT PAS LES PERSONNES QUI PENSENT AU SUICIDE

Voici ce que Philippe, 25 ans, qui travaille dans une entreprise de communication, écrit sur son blog :

« Que cherchent ceux qui ont envie de se suicider ? Quelqu'un à qui parler. Quelqu'un qui prendra le temps d'être réellement à leur écoute. Quelqu'un qui ne les jugera pas et ne cherchera pas à leur donner un avis ou des conseils. Quelqu'un qui sera prêt à leur consacrer toute son attention.

Quelqu'un en qui avoir confiance. Quelqu'un qui les respectera et qui n'essaiera pas de prendre les choses en main. Quelqu'un qui saura garder un secret.

Quelqu'un qui se sentira concerné. Quelqu'un qui sera disponible, qui les mettra en confiance et qui parlera calmement. Quelqu'un qui saura les rassurer, croire en leur histoire et accepter leur point de vue. Quelqu'un qui saura dire : "Je me sens concerné."

Que ne veulent pas ceux qui ont envie de se suicider ?

Être seuls. Se sentir rejeté peut faire prendre au problème des dimensions dix fois plus énormes. Avoir quelqu'un vers qui se tourner fait toute la différence.

Être conseillés. Les sermons n'aident pas. Suggérer à quelqu'un de "garder le moral" ou lui assurer avec désinvolture que "tout ira bien" n'aide pas non plus. Il ne faut pas essayer d'analyser, de comparer ou de critiquer.

Être questionnés. Ne pas changer de sujet, ne pas s'apitoyer et ne pas traiter la personne avec condescendance. Exprimer ses sentiments est difficile. Les personnes qui ont envie de se suicider ne veulent pas être bousculées ou se sentir sur la défensive. »

Le suicide du dépressif, un échappatoire à la souffrance

Sa vie se résume à une lutte contre les idées suicidaires de plus en plus présentes, de plus en plus envahissantes. Le suicide n'est qu'une façon de disparaître devant la souffrance car celle-ci l'a expulsé de sa vie. On est loin de la volonté de mourir, et souvent c'est le manque d'énergie qui l'empêche de passer à l'acte. Le dépressif n'est pas prolixe sur le sujet, et vous devez détecter dans son discours des thèmes et des termes mortifères plutôt que d'attendre un aveu. Votre conviction faite, ne vous laissez jamais abuser par ses promesses, ni par son calme, et prenez toutes les précautions nécessaires.

Il est important de prévoir ces instants de débordement en veillant sur votre proche. Évitez de laisser à sa portée certains médicaments ou produits ménagers. Dans les moments les plus critiques, faites en sorte qu'il reste seul le moins souvent possible.

S'il n'évoque pas clairement le suicide, certains de ses comportements peuvent éveiller votre attention, car ils trahissent en quelque sorte son intention. Regardez si votre proche a soudainement changé ses habitudes vestimentaires, observez le genre de musique qu'il écoute, s'il aime sortir ou rester seul, s'il est fatigué ou s'il perd l'appétit... Individuellement ces signes ne sont pas inquiétants, mais pris ensemble ils peuvent permettre de déceler un comportement suicidaire.

Le suicide du déprimé, une trajectoire bien tracée

Quand un déprimé émet l'hypothèse d'un geste irréparable, il y a toujours une raison qui motive ses propos : il vient d'être quitté par l'être cher, son patron vient de lui annoncer son licenciement, il a perdu son meilleur ami... Certains y voient une sorte de chantage, un appel au secours pour que l'on s'intéresse à lui. De fait, le déprimé a besoin d'aide.

En évoquant son suicide, il révèle la douleur qu'il éprouve. N'hésitez donc pas à lui poser des questions, à le faire parler, car les déprimés ne sont généralement pas réticents à parler de leurs intentions suicidaires s'ils en ont.

Chez le déprimé, le suicide a une histoire, il se prépare, et, de l'arrivée des idées noires au passage à l'acte, plusieurs mois, voire plusieurs années peuvent s'écouler. Le déprimé souffre, mais il va chercher dans ce qui fonctionne encore les moyens de s'en sortir. Le suicide est chez lui une véritable construction où, étape par étape, phase par phase, il cherche le moyen de vivre. C'est une trajectoire de vie. C'est pourquoi un groupe de psychiatres a ouvert deux lignes téléphoniques, l'une destinée aux adultes – SOS Dépression (voir Adresses utiles, p. 241) –, l'autre aux adolescents – La Note bleue (voir Adresses utiles, p. 241) – pour suivre et aider les personnes en difficulté. Pour en avoir écouté dans le cadre de ces associations et pendant plus de vingt ans, nous avons appris à reconnaître cette trajectoire. Les appels de ces personnes ont permis de dresser cinq portraits types de déprimés suicidaires.

• **L'indécis.** Il est partagé entre l'envie de mourir et ce qui le retient à la vie : sa famille, ses enfants, ses amis, son chat... Il a encore un dialogue intérieur sur la mort. Cette indécision peut se prolonger.

• **Le « joueur ».** Il joue avec la mort. Depuis longtemps, c'était un concept, un refuge dans l'imaginaire, un endroit où il était le maître du monde. Mais tout bascule. Aujourd'hui, il se sent envahi par quelque chose qui le dépasse et le terrifie. Il est en train de ne plus avoir le choix entre vivre et mourir.

• **Le désespéré.** Si la mort est certaine, le suicide est un problème, car comment se débarrasser de ce corps, comment passer à l'acte ? Sa demande d'aide est en fait une demande d'aide à mourir.

• Le révolté. Il pense avoir trouvé dans la mort la solution à tous ses maux. Il la défend comme un droit et aimerait qu'on se range à son avis. Il est dans la toute-puissance et, dans sa mort, c'est le monde entier qu'il aimerait entraîner.

• Le serein. C'est la parole d'un survivant, sa décision est prise. Il affiche le calme des personnes résolues mais accepte tout échange sur le sujet.

Entre ces cinq personnages, rien de commun : le ton, la voix, la conviction, la relation qu'ils tissaient avec moi. Quel lien peut exister entre eux ? Difficile à savoir, car nous fonctionnons avec la certitude que l'anonymat est la garantie même de leurs appels. Pendant trois mois, nous avons décidé de lever cette loi de l'anonymat pour les identifier.

À notre plus grande surprise, nous avons fini par découvrir qu'il ne s'agissait pas de différents individus, mais d'une seule et même personne, passant par les cinq étapes. C'est ce qu'entre praticiens nous nommons « mat syndrome ». Le patient, atteint de ce trouble, passe constamment d'une phase à l'autre. À chacune d'elles, la personne semble abandonner quelque chose d'essentiel à la vie : son corps, le temps, les liens avec les autres, pour arriver à cette étape ultime décrite dans le personnage « serein ». C'est généralement lors de cette phase que l'entourage se fait la réflexion suivante : « Depuis quelque temps, il semble aller mieux ! » En réalité, le déprimé a décidé de passer à l'acte, et il vit ses dernières heures. Cette expérience, consignée en collaboration avec Gérard Tixier dans *La Tentation du suicide chez les adolescents* (Payot), se révèle vraie chez tous les déprimés quel que soit leur âge. L'actualité récente est malheureusement venue éclairer l'idée de cette trajectoire suicidaire au travers des blogs des adolescents.

LE CAS DE CLÉMENCE ET NOÉMIE

Il suffit de regarder la dramatique histoire de Clémence et Noémie qui, au début de l'année 2005, se sont jetées des falaises du cap Blanc-Nez. Comme le précise l'un de leurs meilleurs amis, Clémence, âgée de 14 ans, « tenait un décompte sur son cahier et notait le jour du rendez-vous fatal, de J − 25 jusqu'à J − 1 », qui devait être mardi !

Les mots parlaient pour elle, et quelqu'un d'averti aurait pu voir cette progression : « J'ai honte de dire que je veux partir », puis, quelque temps plus tard, « mon corps est froid »...

Les blogs sont la première et la dernière fenêtre qu'utilisent les adolescents. Nous avons pendant ces mois d'interrogation les moyens de les retenir. Nous sommes actuellement, à La Note bleue, sur un projet à même de mettre en place l'outil qui détecterait les adolescents en souffrance pour rétablir le contact.

> *Malheureusement, l'argent manque... vous auriez raison de prendre cela pour un appel !*

Le « bêtisier » du suicide

En France, l'acte suicidaire n'est pas encore pris au sérieux. Le plus souvent, il est ignoré (« nos jeunes ne risquent pas de se suicider ») ou alors mythifié. Pour beaucoup d'entre nous, le suicidé est un héros qui a eu le courage de passer à l'acte pour sortir de sa condition misérable. C'est à la littérature que nous devons cette belle image de l'homme sacrifiant sa vie pour une liberté supérieure, et plus précisément à l'image de l'écrivain maudit quittant un monde qui ne le comprend pas et qu'il méprise. Mais ces suicidés célèbres sont de faux-monnayeurs. La réalité est beaucoup plus sombre : par exemple, Ernest Hemingway s'est tiré une balle à la sortie d'une cure de désintoxication alcoolique... Montherlant s'est, lui, suicidé à l'âge de 30 ans – et il avait toujours dit qu'il mourrait avant cet âge –, mais il venait d'apprendre qu'il serait bientôt aveugle.

C'est pour lutter contre ce type d'image, de mythes qui contribuent chaque année à l'augmentation du nombre de suicides dans notre pays que je souhaite passer en revue un certain nombre d'idées préconçues. Mon conseil est clair : il faut oublier les livres, les mythes, les belles images. Car le suicide est un danger bien réel, dont vous pouvez sauver vos proches par l'écoute et la discussion.

« Parler du suicide, c'est lui en donner l'idée »

La France détient le triste record des suicides, avec les pays de l'ex-URSS, et c'est de fait le pays où l'on en parle le moins. Cela est d'autant plus regrettable qu'on observe dans les pays où une véritable politique d'action est menée une diminution du nombre de suicides. C'est le cas, par exemple, du Canada et de l'Angleterre. Je conseille à tous ceux qui ont des dépressifs parmi leurs proches de suivre cette politique. Éviter le sujet ne résout pas le problème, au contraire. Osez affronter le tabou et posez clairement la question. Un dépressif a presque toujours des idées noires, voire de passage à l'acte ; il sera toujours soulagé de pouvoir en parler.

« Ce n'est pas son genre »

De nombreuses études ont tenté de repérer dans une population les individus qui, du fait de leur caractère, auraient une plus grande propension que d'autres à faire une tentative de suicide. Ces recherches se sont révélées infructueuses. Il n'existe à ce jour aucun moyen qui permette de déceler dans le caractère de quelqu'un s'il compte ou non se suicider. Inutile, donc, de vous fier au caractère de votre proche ! Fondez-vous avant tout sur la gravité de sa maladie et sur ce qu'il vous avoue de ses idées noires.

« Celui qui en parle ne le fait pas »

C'est faux. Dans 70 % des cas, la personne prépare soigneusement son départ. À lire les blogs des adolescents, on s'aperçoit que la préparation au suicide peut même remonter à plusieurs mois avant le passage à l'acte. Il est donc nécessaire d'être extrêmement vigilant sur des périodes relativement longues.

« C'est un appel au secours »

Cette affirmation sous-tend qu'il y aurait des vraies et des fausses tentatives, certains voulant en finir, d'autres voulant simplement se faire remarquer. Tout cela est faux. La preuve : ceux qui ont réussi à « attirer l'attention sur eux » lors d'une première tentative de suicide ne s'en tiennent généralement pas là. Dans 30 % des cas, la personne passe une nouvelle fois à l'acte dans les trois mois qui suivent. Les suicidaires souffrent réellement et à un point tel qu'il leur est impossible d'envisager tout autre avenir que la mort. N'hésitez donc pas à revenir sur le sujet du suicide ou sur les conduites suicidaires. En effet, certaines personnes qui n'osent pas passer à l'acte peuvent mettre leur vie en péril en adoptant des comportements dangereux, comme la conduite en état d'ivresse ou la consommation excessive et simultanée de somnifères et d'alcool.

« Il est trop attaché à ses enfants pour faire ça »

Certes, le suicidaire se raccroche longtemps à son environnement et à ses obligations. Mais tous ces arguments peuvent lâcher. Par ailleurs, la dépression conduit parfois à la pensée inverse : « Je les soulagerai en disparaissant ! » Dans les cas de mélancolie les plus graves, on peut même assister à des suicides « altruistes ». Le dépressif a une telle sensation négative de la réalité qu'il veut « sauver » son entourage en entraînant ses proches dans la mort.

« Il n'est pas assez courageux pour en arriver là »

Notre société cultive ce paradoxe. Penser au suicide serait un acte de lâcheté, il signifierait ne pas réagir, ne pas être résilient, ne pas s'assumer. En revanche, passer à l'acte serait une preuve de courage ! Le courage ou la lâcheté n'ont rien à voir avec le suicide, qui est la conséquence d'une souffrance dont nul, hormis le malade, ne peut percevoir l'intensité.

« De toute façon, on ne peut pas l'en empêcher »

Pas question de baisser les bras. Car si nous n'agissons pas, la maladie dépressive l'emportera, alors que c'est une maladie qui se soigne très efficacement par antidépresseurs. Le tout est d'être vigilant et de ne pas laisser à la portée du dépressif médicaments, bouteilles d'alcool ou armes. Enfin, n'hésitez pas à discuter avec lui de son état. Malgré ses réticences, tâchez de le convaincre que son état nécessite un suivi médical et une thérapie.

« Mon ami est sous traitement, il est donc hors de danger »

Un antidépresseur n'est pas un remède miracle. Pour faire effet, il faut compter de deux à trois semaines. Soyez très proche de votre ami durant cette première étape. En effet, les antidépresseurs entraînent dès les premières semaines une levée de l'inhibition : votre proche a désormais la force physique de mettre ses menaces à exécution et de passer à l'acte, le médicament n'agissant pas immédiatement sur le moral. C'est pourquoi le traitement des adolescents dépressifs par antidépresseurs est actuellement à l'étude : le médecin prescrira toujours en premier lieu une analyse, et les médicaments à titre exceptionnel. Dans tous les cas, veillez à ce que la personne dépressive prenne correctement ses médicaments. Arrêter un antidépresseur, le reprendre ou en prendre deux parce qu'on a oublié celui de la veille est une véritable mise en danger. Par ailleurs, même sous traitement, le risque de suicide chez le dépressif ne disparaît pas. Les suicides par médicaments – les antidépresseurs peuvent être pris avec de l'alcool ou des anxiolytiques – représentent un pourcentage conséquent, avec une prédominance chez le sexe féminin. Si les tentatives de suicide des garçons sont moins nombreuses, elles sont toutefois plus fatales, car ceux-ci choisissent souvent des moyens plus violents, comme les armes à feu ou la pendaison. Toute idée suicidaire, qu'elle s'exprime par des mots ou des comportements, justifie donc de votre part une écoute attentive et une réaction immédiate.

Une personne déprimée réagit de façon tout autre : contrairement au dépressif, elle ira le plus souvent se confier à un tiers. Dans ce cas, votre meilleure arme pour lui venir en aide est l'écoute. Répondez présent quand elle vous appelle et tâchez de lui prêter une oreille compatissante. Si c'est vous que le déprimé a investi du rôle de confident, ne le décevez pas, car il n'ira voir personne d'autre. Écoutez-le attentivement pour mieux l'aider et dirigez-le par tous les moyens vers une écoute professionnelle.

On a vu combien il est difficile d'identifier la déprime ou la dépression et à quel point la tentation de prescrire des médicaments est grande. Forts de l'idée que les antidépresseurs ne sont pas dangereux, qu'ils guérissent rapidement, les médecins les prescrivent, mais le plus souvent en vain : ils veulent agir vite, au mieux, mais en même temps sont soumis aux demandes répétées de malades qui veulent guérir vite, sans contrainte. Donner des antidépresseurs devient alors une réponse facile, pas forcément adéquate, et qui laisse de côté des traitements plus performants et plus intéressants.

En conclusion, que votre proche soit dépressif ou déprimé, les mesures de précaution à prendre sont les mêmes !

DEUXIÈME PARTIE

LES CAUSES ET LES PRISES EN CHARGE DES ÉTATS DÉPRESSIFS

Chapitre 1

La recherche
des causes

Trois choses sont importantes à rechercher dans la souffrance psychique : la cause, la cause et la cause...

Plus elle nous semble lisible, plus nous nous en rapprochons, plus nous sommes tentés de lui trouver une solution rapide pour délivrer notre proche de sa souffrance et pour sortir de notre impuissance : la première cause venue fait en général l'affaire, la rumeur fait le reste ! Son infortune conjugale, bien sûr, alors que la dame a été se mettre dans d'autres bras pour échapper à la dépression d'un mari impossible à vivre ; sa grave maladie, sauf si c'est le traitement de cette maladie qui agit sur sa thyroïde et qui le déprime ; son accident qui l'immobilise à l'hôpital, alors que c'est le sevrage forcé de son alcoolisation qui le met dans cet état.

Se tromper de cause n'est pas grave, car l'histoire rétablira la vérité, mais il y a plus insidieux car une cause peut toujours en cacher une autre !

On arrive à concevoir que l'asthme soit simultanément l'héritage d'une grand-mère malade, qu'il se déclenche en présence d'un animal à poil, qu'il soit favorisé par un moment de stress ou de fatigue, et pourtant il est difficile d'imaginer que la dépression soit, elle aussi, due à plusieurs facteurs ! Mais l'expérience est là ! Dans une catastrophe, 10 % feront une dépression posttraumatique, parmi lesquels plus de la moitié ont un antécédent d'abandon dans leur vie. Environ 7 à 15 % des femmes souffrent d'un post-partum blues dans l'année, et toutes celles qui en sont victimes et ont des antécédents dépressifs seront sujettes à des rechutes.

Fort de cette certitude, l'erreur serait d'additionner tous les facteurs et d'en tirer la conclusion qu'il est finalement normal que votre proche soit dépressif car, à ce compte, vous le seriez aussi.

Nous avons vu dans le diagnostic que la souffrance psychique est difficile à cerner et que la cause qui le tourne vers vous ne le rend pas plus lisible. Cette difficulté conduit à traiter toute souffrance psychique comme une dépression et à définir celle-ci comme « toute souffrance psychique » qui répondrait aux antidépresseurs en renvoyant les autres dans l'immensité du désert humain. En clair, pour être entendu, il faudrait obligatoirement être dépressif !

Chercher la cause ne revient pas à chercher une excuse à la souffrance de votre proche. Cet acte réclame une véritable enquête. Vous allez être son biographe, son historiographe, son éthologue, son épistémologue, en bref vous allez faire de votre proche un objet de science, c'est-à-dire prendre avec sa souffrance une distance suffisante pour remonter le fil de son histoire. Sur une scène d'accident de la route, le médecin se reconnaît tout de suite, c'est celui qui ne court pas ! Vous avez pris au premier chapitre les mesures suffisantes face à la souffrance morale. Il vous reste à faire le nécessaire : enquêter sur la cause.

Pour chaque cause, vous allez distinguer des signes particuliers de la dépression, par exemple une insomnie plus forte, des signes liés à la cause elle-même (un goitre dans l'hypothyroïdie). À terme, c'est cette cause qui fournira la démarche thérapeutique et bien plus encore la position que vous devrez prendre vis-à-vis de votre proche.

La dépression est donc une maladie où entrent en ligne de compte de multiples facteurs, et elle n'est que très rarement le fait d'une cause unique.

En d'autres termes, l'âge, le sexe, l'hérédité, la structure mentale, l'environnement social et professionnel sont autant d'éléments qui peuvent générer l'émergence de la maladie !

Encore une fois, ne vous fiez pas à l'intensité de la douleur, car celle-ci n'est en rien le signe de la cause.

Mais avant d'aller plus loin dans l'explication des causes possibles, il est intéressant de rappeler que la « nébuleuse » dépression a connu au cours de l'histoire des tas de dénominations et de classifications qui ont eu davantage tendance à compliquer les choses qu'à les éclaircir dans l'esprit du grand public.

Chapitre 2

La dépression héréditaire

Une dépression sans cause apparente

Celui qui la rencontre ne peut s'y tromper, celui qui l'a vécue ne peut l'oublier : sa survenue est brutale et cliniquement s'inscrit dans la parfaite ligne de ce que nous avons décrit de la dépression. En d'autres termes, vous retrouvez dans cette forme dépressive l'intégralité des signes décrits ultérieurement. Ici, l'insomnie est particulièrement rebelle et résiste à tous les traitements ; la culpabilité, c'est-à-dire le sentiment que la faute vient de lui, est au premier plan et soulève rapidement le problème du suicide qui doit toujours être évoqué ; l'asthénie tant physique que psychique lui enlève toute possibilité de se plaindre, c'est une inhibition permanente où tout effort paraît insurmontable, c'est une souffrance muette, un cri muet, dont l'amaigrissement est la règle !

À cela vient s'ajouter une coupure du monde et de la personne qui s'inscrit sur son visage, la triade marmoréenne (tous les traits vers le bas) efface les rides d'expression pour laisser place à l'expression de la souffrance. L'absence d'anxiété est patente, de même que l'absence de désir sous toutes ses formes qui vous conduira à un sentiment d'impuissance.

Le paradoxe veut que cette maladie apparaisse sans cause réelle, ou visible, et pourtant elle en a une : **l'hérédité.** Ce type de dépression est l'expression d'un gène connu et repéré sur l'ADN, ce qui en fera sans doute l'une des premières maladies à être traitées par les thérapies géniques.

LE CAS DE MADAME B

Quand madame B arrive dans mon cabinet, elle ne comprend pas ce qui lui arrive. Elle me raconte qu'elle était une enfant et une adolescente enjouée. Ayant juste terminé ses études de droit, elle vient d'intégrer un cabinet d'avocats en tant que collaboratrice. Depuis quelque temps, elle se sent épuisée, ne trouve plus d'intérêt à son travail, a des insomnies, a perdu l'appétit, etc.

Quand je l'interroge sur son passé, la jeune femme me raconte que sa mère avait fait une dépression quelque temps après sa naissance, qu'il existait autour de la mort de son grand-père paternel (qu'elle n'a jamais connu) une sorte d'incertitude. Une fois, on lui a dit qu'il était mort d'une mauvaise grippe ; une autre fois, qu'il s'était laissé mourir. En fait, elle apprendra qu'il s'est suicidé quand il a fait faillite !

Toutes ces révélations plaident indiscutablement en faveur d'un diagnostic de dépression héréditaire. Le jour où madame B mettra au monde un enfant, en tant que proche, vous devrez lui rappeler impérativement de prévenir son médecin de cet accès dépressif, sans quoi elle pourrait être victime d'un post-partum blues si aucune précaution n'était prise.

Dans les premiers temps, vous devez donc faire la preuve du caractère héréditaire en recherchant dans les ascendants de votre proche les traces d'une maladie similaire, par exemple le suicide d'un oncle doit vous alerter. Toutes les grands-mères mélancoliques n'étaient pas des romantiques, tous les parents alcooliques ne sont pas des « soudards », et tous les oncles suicidés n'ont pas fait faillite... On doit se rappeler qu'il n'y a encore pas si longtemps, il fallait une bonne raison pour être triste et que le suicide privait de cimetière, l'issue étant alors la fosse commune !

CARACTÉRISTIQUES DU FACTEUR HÉRÉDITAIRE

– D'autres membres de la famille ont fait une ou plusieurs dépressions (antécédents familiaux).
– Autres épisodes dépressifs, antécédents personnels.
– Rythme des rechutes.
– Épisodes dépressifs et maniaques : bipolarité.

Par ailleurs, ces dépressions héréditaires sont toujours **cycliques.**

Vous devez donc vous inquiéter d'un épisode précédent et, si c'est le premier, rechercher dans la vie de votre proche s'il y a des moments particuliers où il se sent mal – par exemple, le printemps et l'automne –, ce sont ses antécédents personnels.

Les cycles peuvent être très variables, annuels, mais aussi beaucoup plus rapides, sur quelques semaines. C'est ce qu'on appelle les « rapides cycleurs ». Il faut donc éliminer tous ces « dépressifs » du matin et ces excités du soir qui sont des déprimés.

LE CAS DE MICHEL

Michel a eu une enfance difficile, notamment depuis la mort de son père, à l'âge de 5 ans. C'est à cette époque que sa mère est devenue triste, elle pleurait tout le temps et n'avait plus envie de rien. Sa sœur, telle qu'il me l'a décrite, semblait tout aussi triste.

Aujourd'hui, Michel est dans mon cabinet, il me parle de cette enfance gâchée par ce vent de tristesse. Il m'explique également que sa vision des choses est toujours teintée de ce même voile sombre et qu'il n'est pas apte au bonheur. En fait, Michel ne fait que reproduire ce qu'il a vécu.

Voici ses paroles :

« Quand je rentrais de l'école, ma mère m'accueillait avec un sourire que je ne sentais pas vrai. Elle était bien là devant moi, mais je sentais son esprit absent. Ma sœur, qui était un peu plus âgée que moi, était dans sa chambre, elle évitait toujours de faire du bruit car elle savait que cela dérangeait notre mère. Elle passait son temps à enfiler des perles pour faire des colliers qu'elle offrait à maman. Je n'avais qu'une envie, chanter les comptines que j'avais apprises l'après-midi à l'école. Mais dès que j'ouvrais la bouche, j'entendais : "Chut ! tu es trop bruyant mon petit ange." Je suis donc devenu un petit ange silencieux et j'ai grandi ainsi, en silence, sans me faire remarquer ! Aujourd'hui, j'en ai assez, je voudrais savoir profiter des bonnes choses, mais je ne sais pas faire... »

SOYEZ VIGILANT À CERTAINES PÉRIODES DE L'EXISTENCE

Il est à noter que certains moments de l'existence peuvent favoriser la maladie. C'est pourquoi il faut être vigilant lors de toutes les situations qui correspondent à des moments de changements physiques, biologiques et psychiques importants. L'adolescence, la grossesse, la ménopause, l'andropause sont donc des périodes à surveiller particulièrement.

L'apparition de la dépression héréditaire peut se faire sous deux formes, dépressive ou au contraire maniaque.

La manie est à la dépression ce que le négatif est à la photographie. Autrement dit, tous les signes de la dépression sont là, mais inversés : l'hyperactivité remplace l'asthénie, l'euphorie la tristesse, enfin un sentiment de toute-puissance et une forte exaltation viennent se substituer à la mésestime et à la culpabilité.

L'expression de ce gène peut se faire sur un mode **unipolaire**, c'est-à-dire que la personne est toujours dans un état dépressif ou toujours dans un état maniaque. Mais le passage d'un état à l'autre est aussi possible, prenant alors la forme **bipolaire.** L'intensité des crises peut être variable, mais c'est dans ce type de la dépression dite bipolaire qu'elle atteint ses paroxysmes les plus dangereux. Quand la personne est en phase dépressive, on peut assister à une mélancolie délirante, voire au syndrome de Cotard où le patient a une sensation de pourriture de son corps, de damnation, de « fin du monde ». Quand il se trouve dans la phase maniaque, un passage à l'acte est à craindre, et les conséquences sociales, professionnelles et médico-psychologiques peuvent être très préjudiciables.

C'est à ces formes extrêmes, et avant l'apparition de traitements adaptés (antidépresseurs et neuroleptiques), que l'on a appliqué le terme de psychose maniaco-dépressive, car lorsque la personne se trouvait dans la manie l'expression de son état prenait l'allure d'une véritable folie.

Cette pathologie, une fois repérée, est facile à traiter et à stabiliser. Malgré la rapidité de la survenue des épisodes, le patient se rend facilement de lui-même chez un psychiatre, car il connaît sa maladie et appréhende la souffrance qui lui est attachée.

À l'inverse, dans les épisodes maniaques, le démarrage est associé à un sentiment de bien-être, agréable pour le patient, et c'est la raison pour laquelle seul l'entourage est apte à le repérer.

Ce moment se signale par des petits signes qui, pour normaux qu'ils soient, vous paraîtront hors de ses habitudes de vie. C'est le cas, par exemple, d'une personne qui s'habille toujours sobrement et qui soudain arrive au bureau avec une cravate bariolée. Vous devez alors intervenir immédiatement, prévenir son entourage, car le décollage est imminent avec toutes les conséquences qu'on lui connaît.

Quand la maladie s'exprime uniquement sur un mode dépressif, il est difficile d'affirmer son caractère héréditaire. Au contraire, lorsque la bipolarité est de mise, vous pouvez en avoir la certitude. D'où l'importance, devant une dépression, de rechercher des signes d'hypomanie même *a minima*, comme par exemple le fait de se lever à 3 heures du matin pour faire son ménage.

LE CAS DE MARC

Marc est directeur financier d'un groupe de la grande distribution. C'est un homme courtois, sobre dans ses tenues, s'adressant toujours avec beaucoup de politesse à ses collaborateurs. Toutefois, il lui arrive de venir au bureau avec une cravate rouge ou rose. En général, ce changement vestimentaire s'accompagne d'un langage familier et de gestes grossiers. En réalité, Marc est une personnalité bipolaire, et le début de l'entrée de sa phase maniaque se caractérise par ces changements de comportement. Pour ceux qui le connaissent, cela est facile à identifier, mais il est vrai que quelqu'un qui le rencontre pour la première fois ne pourra pas le déceler.

ATTENTION AU RISQUE SUICIDAIRE

Prenez au sérieux le risque suicidaire (voir p. 83) attaché à la dépression héréditaire. Pour le prévenir, la narcose (voir p. 192) est tout indiquée, car ses effets sont immédiats. L'hospitalisation peut alors constituer une urgence, notamment dans certaines formes de dépression où sont engagées des idées délirantes (syndrome de Cotard) ou une confusion avérée (mélancolie stuporeuse).

Le traitement du facteur héréditaire

Le traitement de la dépression héréditaire conduit à distinguer deux points essentiels. D'une part, le traitement de l'épisode et, d'autre part, le traitement de fond de la maladie, celui-ci constituant la véritable prévention des rechutes.

Le traitement de l'épisode

Les épisodes dépressifs ne soulèvent en général chez les patients aucun problème de suivi de leur traitement par antidépresseurs, car ils appréhendent leur souffrance.

Les traitements des épisodes maniaques sont, en revanche, très difficiles à instituer car la personne n'en éprouve pas le besoin puisqu'elle se sent très bien et que, de plus, les médicaments prescrits (neuroleptiques) lui procurent une sensation très désagréable. Elle a en effet l'impression d'être freinée à un moment où elle est sous l'effet du plaisir que lui procure son hyperactivité. En d'autres termes, elle a la sensation d'être prisonnière d'une « camisole chimique », ce qui d'ailleurs n'est pas faux, mais reste indispensable pour la protéger des dangers qui la guettent. On sait, en effet, qu'une fois l'épisode démarré, le patient sera conduit aux pires extrémités. On perçoit donc bien ici l'importance qu'a l'entourage, qui doit déceler, dès les premiers signes, l'apparition de la maladie.

Les neuroleptiques sont des sédatifs puissants, et si le patient refuse de prendre le traitement préconisé, il n'y a alors guère d'autre solution que de procéder à une hospitalisation précoce tant qu'il est encore contrôlable.

Le traitement de fond

Le traitement de fond de la dépression héréditaire fait appel à des régulateurs de l'humeur tels que le lithium ou ses substituts qui généralement doivent être prescrits à vie (voir p. 187)

Par ailleurs, cette pathologie exige qu'une véritable relation de confiance se soit établie entre la personne malade et son médecin, ce dernier devant avoir l'autorité suffisante pour imposer ses décisions lors d'un début d'épisode maniaque et être particulièrement disponible vu la rapidité à laquelle se déclenchent ces épisodes. Il est recommandé que la prise en charge relève toujours de la responsabilité du même médecin car, dans son expression, cette maladie est singulière pour chaque individu. Le malade, pour sa part, doit s'astreindre à respecter une bonne hygiène de vie et une bonne surveillance de son état. Cela suppose des consultations régulières, y compris hors des moments de crise. Par exemple, le patient doit veiller à avoir dans sa trousse de toilette de quoi traiter les accès et suivre son traitement de fond, ou encore une ordonnance lui permettant d'acheter ses médicaments là où il se trouve. Il doit aussi penser à prévenir le jet-lag et s'assurer qu'un nombre suffisant de personnes de son entourage sont informées de sa maladie pour pouvoir lui signaler éventuellement qu'il entre dans une humeur maniaque. Il doit également éviter tous les produits qui peuvent induire une excitation ou une dépression artificielle comme certains toxiques – par exemple, la cocaïne, les amphétamines qui s'avèrent catastrophiques – ou certains médicaments tels les corticoïdes Enfin, il lui faut également respecter un rythme raisonnable veille/sommeil car le manque de sommeil accentue la manie.

C'est ici une affaire de spécialiste car, outre la difficulté de la prescription, les antidépresseurs et les neuroleptiques sont des médicaments antagonistes. La prescription trop longue d'un antidépresseur peut renvoyer un patient vers un épisode maniaque ; à l'inverse, celle d'un neuroleptique peut aboutir à une dépression.

Malgré toute la difficulté attachée à la mise en place des traitements, les personnes qui souffrent de dépression héréditaire parviennent aujourd'hui à vivre comme tout le monde. Encore une fois, la dépression est une maladie qui se soigne très bien !

Hospitalisation ou pas ?

Lors de l'épisode dépressif, il n'existe aucune différence entre un traitement médicamenteux prescrit en ville et celui qui sera pratiqué à l'hôpital. Même les perfusions, dont certains supposent que l'efficacité sera obtenue plus rapidement, peuvent être prescrites en ambulatoire, moyennant une surveillance médicale adaptée.

L'hospitalisation vise donc plus les conséquences de l'épisode dépressif et la qualité de sa prise en charge que les médicaments eux-mêmes. Elle permet d'observer que le traitement est bien suivi par le patient réticent. Si ce dernier est culpabilisé, un lieu de soin offre une parenthèse dans un milieu où la souffrance est reconnue et comprise : il n'a plus d'effort à faire pour être comme tout le monde... Et la confrontation avec d'autres malades permet de le fixer dans une double certitude : il s'agit d'une maladie, et elle se soigne !

L'hospitalisation pourvoit à son éducation, il rencontre des patients qui, pour ne pas avoir suivi leur traitement, ont rechuté. Dans certaines circonstances, elle lui permet d'échapper aux conséquences tant familiales que professionnelles et sociales de sa maladie.

Elle permet enfin d'initier plus facilement plusieurs approches psychothérapiques – le réapprentissage de la vie par les comportementalistes, le partage par les groupes de parole, l'adaptation du milieu par les thérapies familiales. Le choix du lieu passe par l'appréciation de cet environnement. La présence d'un psychologue et d'un temps de parole suffisant et quotidien est également un critère à prendre en compte.

L'hospitalisation peut également constituer une urgence dans le cas d'idées suicidaires exprimées ou avouées, ou encore dans certaines formes de dépression où sont engagées des idées délirantes (syndrome de Cotard) ou une confusion avérée (mélancolie stuporeuse).

Dans l'accès maniaque, elle est souvent la règle et doit être précoce, car l'évolution est extrêmement rapide. Celle-ci peut conduire à une hospitalisation par la contrainte, ce qui est dommageable car le patient en gardera la mémoire. On ne saurait conseiller d'être trop prudent pour éviter d'en arriver à cette extrémité.

Ce qui est évident si vous avez déjà eu l'occasion de vivre cette situation, c'est qu'elle nécessite beaucoup d'esprit de décision pour une première fois. S'il y a donc un cas où il faut croire le psychiatre, c'est bien celui-là. En ville, différents organismes assurent le déplacement d'un psychiatre (Urgences psychiatrie, 01 40 47 04 47). Celui-ci engagera sa responsabilité devant le patient, vous dégageant par là même de la vôtre et préservant la relation que vous avez avec votre proche.

L'hospitalisation à la demande d'un tiers (HDT) est une facilité qui permet au médecin de pratiquer une hospitalisation en dehors du consentement de l'intéressé. Vous devrez signer un formulaire par lequel vous lui permettez de décider à la place du patient de l'opportunité de l'hospitalisation.

Si le patient échappe à cette prise en charge, il est possible d'obtenir, avec l'aide de votre médecin, une sauvegarde de justice. Il s'agit d'une mesure qui permet l'annulation ou la modification d'actes pris pendant la période concernée.

L'hospitalisation sous contrainte est particulièrement utilisée dans les accès maniaques. Elle est généralement le fait d'une absence de suivi médical, voire d'un arrêt de traitement, ou d'une absence ou d'un manque d'information de la famille. Porter ce regard sur l'HDT a pour intérêt de réorganiser, après cet épisode, la prise en charge.

Chapitre 3

Quand la cause n'est pas l'hérédité

Toutes les dépressions ne sont, bien sûr, pas d'origine héréditaire. Le cerveau est un organe pour le moins complexe. Certains événements extérieurs peuvent troubler son fonctionnement et donner lieu à l'émergence de la maladie dépressive.

C'est le cas du manque de lumière, par exemple, mais aussi de certaines maladies, de la prise de traitements médicamenteux ou de produits toxiques. À cela vient s'ajouter le fait que nous n'avons pas tous la même structure mentale et que, selon notre personnalité, nous sommes plus ou moins enclins, dans certaines circonstances, à développer un épisode dépressif. Certaines situations de la vie des femmes notamment – syndrome prémenstruel, grossesse, périménopause – induisent des modifications hormonales qui peuvent contribuer à l'apparition d'une maladie dépressive.

Nous nous contenterons ici de mentionner le fait que certains troubles mentaux se trouvent souvent associés à la dépression. C'est le cas, par exemple, de la schizophrénie et des TOC (troubles obsessionnels compulsifs).

Le facteur psychique

Il existe des structures mentales qui, quand elles se trouvent confrontées à certains événements, sont propices au déclenchement d'une dépression. D'où l'importance de connaître le fonctionnement de votre proche. Est-il plutôt anxieux, hystérique, psychorigide ? Ces trois états sont les plus propices à la survenue d'un accès dépressif. À vous de déterminer son tempérament pour vous permettre de prévoir les situations qui risquent de déclencher chez lui une dépression.

L'anxieux

Il a peur de tout et est inexorablement voué au pire : s'il monte à cheval, il va faire une mauvaise chute ; s'il part skier, il va forcément revenir avec une double fracture ; s'il s'envole pour Rio signer le contrat de sa vie, il craint une grève des aiguilleurs du ciel. Mais l'anxieux a plus d'un tour dans son sac pour prévenir les catastrophes qui l'attendent. Il envisage toujours tous les cas de figure, et il en fait deux fois plus que tout le monde. Il dépense beaucoup d'énergie à protéger son entourage et lui-même, car il n'est pas question de laisser une place – même minime – au hasard.

Son grand ennemi, c'est le moment de repos, où peuvent émerger en lui les raisons profondes de son malaise. Et votre proche cherche constamment à s'occuper l'esprit pour ne pas voir la véritable cause de son anxiété.

Partagé entre les angoisses qui viennent du passé et celles qu'il projette dans l'avenir, l'anxieux n'est jamais dans le présent, dans la jouissance de l'instant, et donc jamais en repos. On perçoit ce qui peut, à terme, déclencher un véritable état dépressif. L'anxieux ne s'offre jamais de loisirs et peut ainsi se laisser envahir par l'épuisement. Cette sollicitation permanente de ses circuits neuronaux peut conduire au déclenchement d'une dépression d'épuisement. Le patient vit une double vie : il vit les événements qu'il appréhende, ainsi que sa vie. Paradoxalement, il arrive parfois que dans des périodes difficiles (de deuil, par exemple) il réagisse très bien. Son hypervigilance lui est parfois également utile.

Les troubles anxieux débutent tôt, parfois dans l'enfance. S'ils restent non traités, ils peuvent évoluer pendant des années. Leur intensité et leurs conséquences peuvent les rendre très handicapants au quotidien. Ils peuvent conduire à des attaques de panique, par exemple. Ils entraînent également des conduites d'évitement. Le motif de l'anxiété est en déplacement constant.

L'ensemble de la communauté scientifique s'accorde aujourd'hui pour associer à la permanence de ces états anxieux des troubles psychiatriques, notamment la dépression et les conduites addictives (alcool, drogues, jeux, achats compulsifs, etc.). Pour certains médecins, le trouble anxieux est une forme de dépression, pour d'autres, il en est la cause.

• **Le traitement des troubles anxieux**

Quand le patient est victime de crises d'angoisse, on lui prescrit généralement des médicaments. Ce sont d'abord :

– Les tranquillisants. Particulièrement efficaces, leur action est hélas ! de courte durée et ils ne traitent que le symptôme. La répétition des crises risque d'en augmenter la prise. Ils donnent même lieu, parfois, à une automédication qui peut aboutir à une véritable dépendance. Les tranquillisants doivent donc être réservés au traitement de crises ponctuelles importantes. Leur prescription est diminuée dès que le sujet entre dans l'état anxieux déjà décrit. Par ailleurs, il faut se méfier de l'alcool. Les anxieux boivent de préférence des alcools dits doux. La bière, le vin, le champagne, entre autres, risquent pourtant de déclencher la même dépendance que les tranquillisants.

– Les antidépresseurs. S'il est avéré que le principal neuromédiateur mis en cause par l'anxiété est la sérotonine, il paraît naturel d'employer chez les anxieux chroniques les antidépresseurs sérotoninergiques. Ceux-ci agissent à trois niveaux : ils mettent à distance ou diminuent les effets des émotions les plus envahissantes ; ils sont également préventifs, en supprimant les réactions de panique, et empêchent l'anxieux d'anticiper les malheurs à venir.

Les antidépresseurs ne créent pas de dépendance quand ils sont correctement prescrits et correctement pris. C'est à vous, en tant que proche, de veiller à ce que le dépressif respecte son traitement. La tendance de l'anxieux est hélas ! d'employer ses antidépresseurs comme des tranquillisants, c'est-à-dire de varier les doses selon l'intensité de ce qu'il ressent et de les prendre ponctuellement en cas de crise, ce qui les rend inefficaces et très dangereux. Les patients anxiodépressifs sont souvent déçus par leur traitement et passent d'un médecin à l'autre dans l'espoir de trouver une solution à leur trouble. Parfois, cette errance thérapeutique commence lorsque le médecin décide de diminuer le traitement pour amener son patient à entamer une psychothérapie.

Tranquillisants et antidépresseurs sont des traitements de symptômes, dont la prescription se doit d'être longue (plusieurs mois) et ne peut se concevoir sans une psychothérapie (voir p. 202). Mais ces médicaments limitent également les effets des causes, qu'il reste à déterminer. Sans la recherche des causes, aucune guérison ne peut être espérée. Tout traitement dépassant un an doit ramener à cette réalité.

– La psychothérapie. Le problème est souvent de faire comprendre à un proche que les mots soignent. Lorsqu'il se plaint, essayez de le faire parler de sa vie et de sa maladie. Dès qu'il aura expérimenté le pou-

voir thérapeutique des mots, dirigez-le vers un psychothérapeute.

S'il continue de refuser une approche psychothérapeutique, il existe d'autres moyens pour l'aider à
exprimer son malaise. L'écrit est à ce moment plus
fécond que la parole. Proposez-lui d'écrire un jour-
nal intime ou un blog. Pensez aussi aux groupes de
parole. Donnez-lui les numéros d'une association
d'écoute, comme SOS Dépression ou une autre, qui
gère le type de problème dont il est victime. Rien
n'est plus intéressant pour un anxieux qu'exprimer
ses souffrances ou entendre l'expérience de personnes qui vivent une douleur similaire. Dans ces
groupes, il s'entendra conseiller à d'autres anxieux
des solutions qu'il est incapable d'envisager pour lui-
même. C'est à ce moment-là que le masque tombe.
Il voit sa propre souffrance dans le regard des autres,
leur expérience devient un miroir dans lequel il se
reconnaît enfin. La synergie entre anxieux fonctionne alors vers le haut, grâce à la présence d'un
psychiatre qui les oriente et les guide vers la guérison. L'idée est de sortir le patient de son anxiété
ponctuelle pour le remettre dans l'histoire de sa
maladie. Sachez que l'anxiété est ce qui le sauve,
inconsciemment, d'une vérité qu'il pressent comme
plus douloureuse encore. Il n'a donc pas envie de la
voir, même si elle s'avère la clé pour sortir de son
malheur.

Outre la psychothérapie, d'autres formes d'écoute assistée existent, qui vont de l'entretien en face à face à la psychanalyse (voir p. 202). Parmi elles, la thérapie cognitivo-comportementale (voir p. 203) agit sur les comportements et les pensées qui accompagnent l'anxiété plus que sur l'anxiété elle-même. Car, avec le temps, l'anxieux se fabrique un mode de vie figé, des habitudes, des comportements particuliers. Il tisse autour de lui une toile d'araignée dont il doit impérativement se dégager pour atteindre la cause réelle de son mal. Le premier effet d'une telle thérapie est de lever la chape de plomb sous laquelle se protège l'anxieux et qui met en échec les autres thérapies.

– Les thérapies d'exposition. Il est parfois difficile d'aider seul un proche dépressif. Pensez à constituer un groupe d'amis qui le connaissent bien et sont prêts à l'aider. Les conseils de multiples personnes auront davantage de poids et permettront au patient de sortir de son isolement.

L'hystérique

L'hystérique est une personne difficile à vivre, égoïste, préoccupée d'elle-même, intrigante, qui cohabite mal avec ce qu'elle est. Mais ce mode de fonctionnement est aussi une souffrance, cette construction mentale est le résultat d'une longue évolution, indépendante de la volonté et de la conscience. On a longtemps pensé que l'hystérie venait d'un traumatisme sexuel, ce qui en faisait la maladie des femmes par excellence. Puis on s'est rendu compte que ce traumatisme pouvait s'inscrire dans l'alchimie œdipienne, et donc concerner les deux sexes. L'enfant est entraîné par ses pulsions sexuelles vers le parent du sexe opposé et, dépassé par cette pulsion, il vit un traumatisme, intérieur celui-là, qui lui interdit de sortir du complexe d'Œdipe. À partir de là, la personne n'a plus de désir véritable et ne peut rien construire de solide. Ce travers de caractère conduit souvent à de véritables déviances sociales, comme la toxicomanie. Mais surtout, l'hystérique est, parmi la population de dépressifs, le tempérament le plus sujet au suicide. Cette personne, fondamentalement privée, voire coupée de ses désirs, est condamnée à vivre dans le regard des autres.

La femme hystérique a pour objectif de refléter l'idéal de son siècle. Si celui-ci prône la virginité, elle devient vieille fille ou nonne. S'il privilégie la libération des femmes, elle collectionne les hommes. N'ayant pas de sentiments propres, seul le regard de l'autre lui donne la conscience d'exister. Partagée entre le désir d'être comme tout le monde et celui d'être mieux que tout le monde, elle est dans une quête permanente et reste menacée d'isolement. Elle préférera alors largement être détestée par tous plutôt qu'être ignorée. Ne croyez pas que c'est une femme sans sentiments, elle en est simplement privée, d'où sa volonté de voler ceux des autres. Elle vit ainsi dans une dépendance vis-à-vis de l'autre, qui fait toute sa fragilité. Elle raconte des histoires dont elle est l'héroïne, transforme sa vie en fiction pour se rendre intéressante, quitte pour cela à inventer des maladies imaginaires. Mais cette mythomanie, parfois exaspérante, ne doit pas faire oublier qu'elle souffre d'une dépression bien réelle.

Si l'hystérie est le refuge de la femme, elle est également une véritable malédiction pour l'homme. Il multiplie les conquêtes, suivant son désir inconstant et se privant par là de toute construction dans la réalité. Les projets fusent, les femmes passent, mais lui reste insatisfait car rien en lui ne fait écho à la réussite. Il a le sentiment de tout donner sans rien recevoir en retour. Il finit par se considérer comme une victime et risque de s'isoler. C'est souvent la prise de conscience de l'hystérie plus que l'hystérie elle-même qui le mène à la dépression.

La dépression de l'hystérique est très atypique. Elle survient toujours brutalement. Ce n'est pas un état qui s'installe mais, disons, un orage qui se lève. Le malade se sent immédiatement suspendu dans le vide. Tous ses traits de caractère s'inversent. Dans ces conditions, il est difficile d'installer une prise en charge. Le nombre de suicides parmi les hystériques reste d'ailleurs très élevé. Ces derniers étant peu enclins à construire des liens authentiques, ils ont du mal à trouver un soutien dans leur entourage.

Tentez de retisser des liens autour de votre proche. Dans ce moment de faiblesse, la tendance naturelle de son entourage est de lui faire payer son comportement. Votre rôle est d'aider les autres à comprendre qu'il est vraiment en danger. Il serait bon d'assurer auprès de lui une présence permanente et de lui communiquer les numéros de téléphone des associations qui font une assistance téléphonique.

Contrairement aux autres dépressifs, il est important de remettre l'hystérique dans ses habitudes de vie, il y retrouvera vite ses marques. Enfin, plus que jamais, vous devez prendre dans l'urgence toutes les précautions pour éviter un suicide.

• Le traitement de la dépression due à un tempérament hystérique

Il doit tenir compte de la spécificité de l'hystérie par rapport au schéma classique de la dépression. À l'insomnie peut se substituer l'hypersomnie. Vous constaterez souvent des variations de poids, au lieu d'une perte de plusieurs kilos comme il est de mise habituellement. L'absence de désir est au premier plan et doit éveiller votre attention. Ce qui jusquelà était resté caché chez l'hystérique devient soudain apparent. Des comportements paradoxaux associés à des déviances (toxicomanie, alcoolisme...) ne sont pas à exclure. Enfin, l'hystérique risque de s'automédicamenter, avec tous les risques que cela comporte (voir p. 156).

Les drames de sa vie, par exemple la perte d'un être cher, qui attirent le regard des autres sur sa personne n'ont que peu d'effets. Les déboires financiers ne sont pas trop mal vécus, en revanche la perte de son statut social peut lui être fatale.

L'hystérique acceptera volontiers votre conseil de consulter un psychiatre. Le soutien psychologique est sans doute le mode de prise en charge le plus efficace pour soulager son mal. Le psychiatre, qui reconnaît sa maladie, lui assure pour un temps un statut de malade qui le rassure.

– Les psychothérapies. Paradoxalement, le mode de fonctionnement de l'hystérique – à l'origine des principales découvertes de Freud – est le cauchemar des psychanalystes. Toute introspection le ramène irrémédiablement vers ce vide intérieur, lié à son incapacité à résoudre enfant son complexe d'Œdipe. Cette mise en échec permanente éveille en lui des angoisses insurmontables et le pousse à changer constamment de psychanalyste, ce qui rend impossible un véritable travail analytique. Ce nomadisme thérapeutique associé à des échecs répétitifs ne fait, bien sûr, qu'aggraver le problème : atteint dans son estime, l'hystérique se perd dans des comportements excessifs, avec en point de mire le suicide.

– Les médicaments psychotropes. Quels qu'ils soient, les psychotropes doivent être prescrits avec parcimonie, en raison du risque de suicide qui leur est attaché et de la tendance de l'hystérique à l'auto-médication.

Si la consultation du psychiatre est une aide importante, elle n'est donc pas la solution unique, et votre présence aux côtés de votre proche reste indispensable.

Le psychorigide

Il a toujours raison. Le psychorigide pense à votre place, parle à votre place et, bien sûr, vous êtes le meilleur des hommes quand vous lui ressemblez. D'ailleurs, le monde irait sûrement mieux s'il lui ressemblait. De ce monde clos naît une tendance à la misanthropie, teintée d'une certaine hostilité. Le psychorigide est une personnalité extrêmement solide : il est intègre, honnête, fidèle... surtout à lui-même. Il respecte à la lettre le système qu'il s'est bâti. Mais c'est là aussi sa faiblesse : il ne supporte pas l'échec et moins encore l'injustice. Dans notre monde d'apparences, de faux-semblants et de compromis, il est souvent très déçu par ceux qui l'entourent.

Chez lui, la dépression s'installe lentement. Le psychorigide ne parle pas de sa douleur, et surtout pas d'emblée à un psychiatre, refusant par essence de se remettre en cause. Les pensées qui masquent sa dépression l'amènent parfois à un sommet de souffrance capable de le pousser au pire. Au plus fort de la crise, il peut considérer que le monde entier va mal. Le risque est alors qu'il se sente investi du devoir de sauver ses proches en les emmenant dans la mort avec lui. Ces « suicides altruistes » ne sont malheureusement pas rares dans les colonnes des faits divers.

Chez le psychorigide, le tableau dépressif est complet et classique. Avant de l'emmener chez un spécialiste, il est utile de vous assurer qu'il a confiance en ce médecin. S'il n'entretient pas de bonnes relations avec lui, votre démarche est vouée à l'échec.

Par ailleurs, soyez présent pour le soutenir dans les moments où il aura besoin de vous. Le psychorigide est apte à supporter un déboire professionnel, mais il ne résiste pas aux réflexions de son entourage.

Il est important de comprendre que ce type d'individu tient au monde par devoir. Il est de ce fait enclin à résister longtemps à ses idées noires... jusqu'au jour où, telle une déferlante, la dépression l'emporte brutalement.

• Le traitement de la dépression du psychorigide

Il passe forcément par un médecin, voire un spécialiste. Conseillez-lui d'aller voir son généraliste, son « ami » médecin qui, lui-même, s'il le juge utile, l'adressera à une « notoriété locale ». C'est à lui seul que votre ami saura avouer sa souffrance, voire ses idées suicidaires.

Pour vous, toute la difficulté consiste à trouver le moyen efficace de l'amener à consulter. C'est l'unique solution pour l'aider à guérir. Une fois le lien patient/médecin établi, le traitement par antidépresseurs s'avère efficace.

Le facteur hormonal

Toutes les hormones ont un impact sur le fonctionnement du cerveau. Comme nous l'avons vu dans la première partie, la modification de leur production peut induire des troubles de l'humeur. C'est cette variation qui donne lieu à la dépression. Il est d'autant plus important de mettre le doigt sur le problème originel que, une fois le dérèglement hormonal traité par des médicaments appropriés, la dépression disparaît complètement.

Ces pathologies induites par des variations de la sécrétion des hormones ne sont pas sensibles aux antidépresseurs. C'est d'ailleurs souvent en constatant cette insensibilité aux antidépresseurs qu'on les découvre. Devant une personne qui erre de psychiatre en psychiatre et d'antidépresseur en antidépresseur, il est toujours bien fondé de lui conseiller de faire un bilan de santé pour voir si elle souffre d'une maladie endocrinienne.

Les organes mis en cause sont généralement la glande thyroïde, les surrénales et la prostate. Les maladies endocriniennes sont identifiables par des signes spécifiques. Il est important pour vous de les reconnaître, car elles peuvent vous orienter dans l'aide que vous pouvez porter à votre proche. Un endocrinologue sera à même de poser le diagnostic.

LE CAS DE MADAME Y

Depuis que madame Y a été mise sous hormonothérapie après qu'on a détecté une hyperthyroïdie, elle se plaint sans cesse d'être fatiguée, d'avoir des insomnies, d'être triste. Son entourage n'a pas fait le lien entre son état qu'il juge « déprimé » et son traitement. D'ailleurs, madame Y va mal depuis qu'on lui a annoncé sa maladie et, pour eux, elle devrait être mise sous antidépresseurs !

En réalité, madame Y est victime d'une dépression liée aux médicaments qu'elle doit prendre. Poussée par son entourage qui lui suggérait de voir un psychiatre, madame Y a atterri dans mon cabinet. Quand je l'ai reçue, je lui ai donc expliqué qu'il était inutile que je lui prescrive un quelconque antidépresseur. En revanche, je l'ai renvoyé chez son endocrinologue, qui a pris la décision d'arrêter le traitement. L'arrêt du traitement a signé l'arrêt de la dépression. Aujourd'hui, madame Y est suivie par son endocrinologue qui a fait le choix d'un nouveau traitement.

Les maladies de la thyroïde

La thyroïde est la glande qui sécrète les hormones thyroïdiennes, notamment les T3 (triiodothyroxine) et les T4 (tétraiodothyroxine), qui ont une action directe sur l'humeur. Ces hormones sont facilement dosables dans le sang lors d'un examen en laboratoire. La diminution de leur taux entraîne une dépression, leur augmentation une excitation du type de ce qui peut être observé dans la manie.

Divers phénomènes concourent à l'augmentation ou à la diminution des T3 et des T4. La conséquence en est soit un syndrome d'hyperthyroïdie, soit un syndrome d'hypothyroïdie.

Les signes physiques des maladies de la thyroïde apparaissent en général avant les signes psychologiques, mais l'inverse peut se produire. Il va sans dire que le diagnostic repose toujours sur une visite préalable chez le médecin et des examens de laboratoire spécifiques.

• **Quand les T3 et les T4 augmentent,** c'est l'hyperthyroïdie. L'excès de sécrétion d'hormones thyroïdiennes est l'effet de toute maladie induisant l'augmentation du tissu thyroïdien. Le plus souvent, il s'agit de la maladie de Basedow (maladie auto-immune), mais également d'inflammations ou thyroïdites. Des tumeurs dites sécrétantes, cancéreuses ou non, peuvent aboutir au même phénomène. À cela viennent s'ajouter toutes les causes toxiques, comme la prise d'excitants de type amphétamines ou cocaïne.

Lorsque les signes psychiques précèdent les signes physiques, on assiste à un tableau singulier de dépression marqué par l'irritabilité, une grande émotivité, un débit verbal incessant, une hyperactivité. Ces signes peuvent évoquer un épisode maniaque, mais paradoxalement – et c'est ce qui fait la différence –, le malade exprime clairement son sentiment de fatigue et même d'épuisement.

Quant aux signes physiques, vous remarquerez très certainement chez votre proche des yeux exorbités, l'apparition d'un goitre au niveau du cou, un amaigrissement alors qu'il continue à se nourrir normalement, enfin des tremblements.

• **Quand les T3 et les T4 diminuent,** c'est l'hypothyroïdie. La diminution de la sécrétion d'hormones thyroïdiennes est généralement liée à une cause que vous ne pouvez pas méconnaître. Il peut s'agir d'une intervention chirurgicale sur cette glande ou d'un traitement chimique. Cette diminution peut aussi être le fait d'une absence de stimulation par l'hypophyse, glande dont la thyroïde est directement dépendante. Seul le médecin pourra en déceler la cause après examen.

Il est très difficile de discerner les signes psychiques de l'hypothyroïdie de ceux de la dépression elle-même car ils sont presque identiques. En revanche, la prise de poids qui accompagne ce dérèglement hormonal peut vous aider à la repérer car, rappelez-vous, dans la dépression seul l'amaigrissement est de mise.

• **Le traitement des maladies de la thyroïde est hormonal.** Les antidépresseurs sont inutiles et parfois même dangereux, dans le cas de l'hyperthyroïdie, car ils peuvent augmenter l'accélération du rythme cardiaque. Une fois le taux hormonal équilibré, la dépression qui n'était qu'un signe de ce dérèglement disparaît d'elle-même.

Les maladies des surrénales

Les surrénales sont de petites glandes, situées sur le pôle des reins, qui sécrètent une hormone appelée cortisol. Elles sont directement impliquées dans la sécrétion de noradrénaline, l'un des principaux neurotransmetteurs responsables de la dépression. Lorsqu'elles se trouvent trop stimulées, ou pas assez, les variations de sécrétion de noradrénaline donnent systématiquement lieu à une dépression.

Les maladies des surrénales en cause sont la maladie de Cushing et celle d'Addison. Comme dans le cas de la thyroïde, les signes psychiques peuvent apparaître avant les signes physiques.

• **La maladie de Cushing.** Due à une sécrétion trop importante des glandes surrénales, elle se repère à des signes physiques particuliers, comme une obésité dans le haut du corps (tronc, cou, visage). La personne se plaint d'être fatiguée, ses muscles sont atrophiés. Mais ce qui peut être le plus visible, c'est le système pileux, notamment au niveau du visage, qui soudain se développe exagérément. Par ailleurs, des vergetures de couleur rouge peuvent venir strier les cuisses et le haut du corps jusqu'au cou.

• **La maladie d'Addison.** Cette affection est la conséquence d'une sécrétion ralentie des glandes surrénales. Elle montre un tableau dépressif normal, où prédomine une fatigue intense, accompagnée d'une perte de poids et de troubles digestifs. Le diagnostic se fait grâce à des examens sanguins qui dosent l'hormone mise en cause, le cortisol, ou par le test de stimulation des corticosurrénales. Cette pratique est courante en endocrinologie : il s'agit d'activer artificiellement une glande pour évaluer sa réponse.

• **Le traitement des maladies des surrénales**

Il peut être hormonal ou chirurgical, c'est au médecin traitant d'en décider. À aucun moment la prise d'un antidépresseur s'avère nécessaire, même ceux qui agissent sur la noradrénaline. Une fois le traitement prescrit et les taux équilibrés, la dépression – qui, ici, n'est encore qu'un signe – se lève spontanément.

Pour conclure sur les dépressions dont la cause est une maladie endocrinienne, certaines glandes parathyroïdes peuvent également générer une dépression. Comme pour les autres maladies, leur traitement est l'hormonothérapie. La dépression disparaît dès que le système hormonal se rééquilibre.

Les changements hormonaux dans la vie d'une femme

Hommes et femmes ne sont pas égaux face à la maladie dépressive. Certaines périodes de la vie de la femme sont plus propices que d'autres à la dépression, en raison des changements hormonaux qui y sont liés. Les hormones sexuelles jouent un rôle important dans le fonctionnement des neurotransmetteurs. C'est le cas de la période des règles avec, chaque mois, pour certaines, un syndrome prémenstruel sévère ; de la grossesse, avec son fameux postpartum blues ; sans oublier le moment de la périménopause.

CAS DE L'ACTRICE AMÉRICAINE

Cet été, la presse « people » a montré un cas de postpartum typique. Il s'agissait d'une actrice américaine qui, à la suite de la naissance de sa fille, ne pouvait ni s'y intéresser, ni s'en occuper, ce qui paraissait inconcevable tant cette jeune femme avait étalé partout le bonheur que lui procurait sa grossesse. Ce reportage a dû rassurer plus d'une jeune mère, car ce type de dépression est bien connu. Il trouve son origine dans le bouleversement hormonal opéré lors de l'accouchement et les mois qui le suivent. Aujourd'hui, comme en témoignent les titres et les images, la jeune femme a retrouvé son instinct maternel. Instinct en fait qu'elle n'avait jamais perdu mais qui s'était tout simplement retrouvé prisonnier de la maladie dépressive !

• **Le syndrome prémenstruel.** Certaines femmes vivent moins bien que d'autres la période qui précède l'arrivée des règles. D'après *Les Maladies dépressives* de Jean-Pierre Olié, 5 % souffrent d'un syndrome prémenstruel sévère. Les maux que l'on regroupe sous ce vocable vont de simples crampes de ventre à une humeur très irritable, en passant par l'anxiété, et jusqu'au véritable état dépressif.

Les signes qui marquent le syndrome prémenstruel peuvent s'amplifier à n'importe quel âge, mais généralement ils s'accentuent vers la trentaine. Lorsqu'ils sont très importants, il convient de prescrire un traitement approprié. Les souffrances d'ordre physique et psychique qui les accompagnent sont en effet très invalidantes et peuvent avoir des répercussions graves sur la vie familiale et professionnelle. À leur paroxysme, elles risquent de plonger la femme dans un véritable état dépressif. Ce syndrome, sans être devenu une entité à part entière, est classé aujourd'hui au niveau international comme un « trouble de l'humeur non spécifié », *premenstrual dysphoric disorder.* Ici, c'est le gynécologue qui est à même de prendre en charge le soin.

Plusieurs traitements du syndrome prémenstruel existent. L'un, chimique, est à base d'hormones, puisque ce sont elles qui sont mises en cause. Il provoque la mise au repos des ovaires en empêchant l'ovulation.

Certains gynécologues prescrivent des antidépresseurs sérotoninergiques, car les études ont montré que la variation des taux d'hormones au cours de cette période pouvait entraîner un déséquilibre au niveau de la recapture de ce neurotransmetteur.

Quand l'anxiété et l'irritabilité sont trop importantes, peut venir s'y ajouter un anxiolytique, qui n'est prescrit qu'au début des symptômes et jusqu'à l'arrivée des règles.

Enfin, la vitamine B6, le calcium et le magnésium, qui ont un impact important sur le système nerveux, peuvent également être prescrits.

• **Le post-partum blues.** Dans les six semaines qui suivent l'accouchement, la mère peut souffrir de ce qu'on appelle un post-partum blues (la réapparition de cet état dépressif peut survenir entre le sixième et le quatorzième mois du bébé).

Dans les jours qui suivent la naissance, la mère peut être sujette à la dépression, communément appelée « baby blues », en raison des modifications hormonales dues à l'accouchement. Environ 80 % des femmes sont touchées, plus ou moins intensément. Le baby blues est marqué par des crises de larmes, de l'anxiété, des insomnies chez les unes, un état d'euphorie chez les autres. Il passe en général spontanément au bout de quelques jours à deux semaines. Mais si, au bout de deux semaines, les choses ne rentrent pas dans l'ordre, il y a des risques pour que la jeune accouchée soit atteinte d'un post-partum blues. Les causes de cette dépression sont liées soit aux modifications hormonales qui suivent l'accouchement (cause la plus fréquente), soit à une prédisposition génétique à la dépression.

Votre proche souffre de tous les signes de la dépression, mais il est difficile de s'en rendre compte étant donné les circonstances ! Ainsi, il vous sera difficile de percevoir l'insomnie, car quoi de plus normal pour une femme qui allaite que de se réveiller toutes les quatre heures. De même, son manque d'appétit risque de passer inaperçu, car tout le monde se félicite qu'elle entame un régime léger. Quant à son irritabilité et la labilité de son humeur (elle se force à sourire mais pleure en même temps), elles seront mises sur le compte d'une fatigue bien normale après un accouchement, surtout quand il a été difficile. Vous trouverez toujours une excuse qui fait que vous penserez à tout sauf à la dépression !

Mais le signe le plus fréquent du post-partum blues est le rejet par la mère de son enfant. Soyez vigilant, car elle cherchera, bien sûr, à s'en cacher du mieux qu'elle peut. Elle a honte et éprouve un profond sentiment de culpabilité.

Le premier traitement du post-partum blues est la réassurance de la femme qui en souffre : une fois la dépression clairement identifiée, rassurez votre proche en lui expliquant que cette réaction n'est pas rare, qu'elle n'en est pas pour autant une mauvaise mère. Dites-lui que ce qu'elle traverse est une dépression, ce qui explique qu'elle se détache momentanément de son enfant. Conseillez-lui d'en discuter avec son gynécologue : ce ne sera pas facile, car elle aura du mal à avouer à ce médecin qui l'a accompagnée pendant toute sa grossesse qu'elle est malheureuse face à cet événement tant attendu. Vous devez également reconnaître sa souffrance et l'assurer de votre aide auprès du bébé le temps qu'elle se remette. Votre rôle essentiel est de servir de médiateur entre elle et son enfant. Mettez-lui son bébé dans les bras, mais sachez également le reprendre dès qu'elle semble mal le vivre.

Une femme qui a déjà souffert de troubles dépressifs avant son premier enfant pourra en parler avant son accouchement avec son obstétricien, qui lui prescrira, juste après la naissance, les médicaments qu'il juge utiles (antidépresseurs, anxiolytiques). Si c'est la première fois qu'elle traverse une dépression, la survenue de ce post-partum blues signale sa prédisposition à des épisodes dépressifs ultérieurs. Il est donc impératif d'en parler avec le médecin à l'occasion d'une nouvelle grossesse.

L'autre volet du traitement peut être constitué par une psychothérapie analytique et des groupes de parole, qui s'avèrent très positifs pour apaiser le sentiment de culpabilité lié au fait que la maman se désintéresse de son bébé.

• **La périménopause (préménopause et ménopause).** Ces périodes sont marquées par un grand bouleversement hormonal et psychologique. L'arrêt des règles peut survenir entre 47 ans et 55 ans. Cet événement est très mal vécu par certaines femmes, qui acceptent mal de ne plus pouvoir avoir d'enfant.

Au niveau hormonal, on assiste à une baisse de la sécrétion des œstrogènes (hormones féminines) par les ovaires, qui donne lieu à un certain nombre de désagréments. Les femmes se plaignent de bouffées de chaleur, de sécheresse cutanée, d'une atrophie de la peau et des muqueuses, d'insomnies, d'une fatigue persistante, de troubles de la concentration et de variations de l'humeur.

Ce ne sont pas ces symptômes qui déclenchent la dépression, mais ils sont un facteur supplémentaire, notamment si votre proche a déjà eu des antécédents dépressifs, si elle était sujette au syndrome prémenstruel, si elle a souffert de dépression après la naissance de ses enfants, si sa vie a été marquée récemment par des épisodes douloureux (divorce, décès du conjoint...), si elle est en période de surmenage... Quand vous voyez son humeur changer, conseillez-lui de parler de ce problème avec le gynécologue qui la suit. Il lui fera pratiquer des dosages spécifiques, notamment des œstradiols et de la TSH, pour confirmer son entrée dans la ménopause.

Pour traiter la préménopause, le gynécologue prescrira peut-être un traitement hormonal substitutif. Aujourd'hui, il est bien supporté, et un suivi régulier écarte les risques qu'on lui prête (dont le cancer du sein).

Si le traitement hormonal substitutif est contre-indiqué en raison d'un cancer du sein chez d'autres femmes de la famille, le gynécologue peut prescrire un antidépresseur et proposer le recours à un soutien psychologique. Il en sera de même si, au bout de deux semaines de traitement hormonal, le symptôme dépressif ne s'améliore pas.

Les facteurs toxiques

L'alcool, cause ou conséquence de la dépression ?

Il ne fait aucun doute que la consommation d'alcool se trouve souvent liée à la maladie dépressive. Tous les alcooliques sont effectivement dépressifs, les chiffres le montrent. Parmi les personnes alcooliques, 44 % présentent (ou ont présenté) une dépression classique, et 6 % un trouble bipolaire. Au total, près de la moitié des personnes alcooliques ont donc présenté un trouble dépressif. La réciproque n'est pas vrai, puisque seulement 15 % des dépressifs sont alcooliques.

Dans certains cas, comme nous allons le voir, l'alcool est la cause de la dépression, dans d'autres, il en est la conséquence.

En 2004, une étude de l'INSERM sur la classification des toxiques a souligné clairement que l'alcool arrivait en tête de liste des produits toxiques. Cette étude a fait grand bruit, car on pensait généralement que la cocaïne était beaucoup plus dangereuse que l'alcool. Pourtant, en se fondant sur les risques de dépendance aux différents toxiques, elle a montré que celle à l'alcool était à l'évidence beaucoup plus importante que celle liée à l'usage de cocaïne. En effet, si cette dernière induit un effet de « craving », qui provoque soudain chez le consommateur un besoin impérieux de consommer, elle n'entraîne pas de dépendance au sens médical du terme.

Les résultats obtenus par dosage sanguin des composants de la sérotonine sont intéressants pour comprendre l'effet « dépressiogène » de l'alcool. La prise chronique d'alcool diminue la production d'un des principaux composants de ce neuromédiateur et finit par bloquer sa fabrication.

Pour bien comprendre le lien entre alcool et dépression, il est nécessaire de distinguer l'alcoolisation de l'homme de celle de la femme. Chez l'homme, c'est généralement la dépression qui se voit en premier, alors que chez la femme, c'est l'inverse qui se produit.

Lorsqu'un homme boit, l'alcool lui permet de dévoiler sa souffrance, l'aide à parler de sa dépression. Si votre proche ne mange plus, n'a plus de désir sexuel mais fait preuve de gaieté au début de l'ingestion d'alcool, si son humeur change rapidement et redevient sombre, il y a de grands risques qu'il soit dépressif. C'est dès le départ qu'il vous faut réagir car, s'il ne se soigne pas, il risque de devenir rapidement alcoolodépendant.

Ce type d'alcoolisme est particulièrement dangereux, car le cocktail dépression-alcool est un mélange détonant. L'alcool, qui agit comme un désinhibiteur, favorise les idées noires jusqu'à l'acte suicidaire. Rappelons que 25 % des tentatives de suicide masculines se font en association avec l'alcool.

Pour aider votre ami, ne vous engagez pas directement sur le chemin de l'alcool. Appuyez-vous plutôt sur les symptômes de la dépression que vous avez repérés. Ne l'envoyez pas consulter parce qu'il boit « trop » ou « mal », mais parce qu'il est insomniaque, amaigri, anxieux et triste quand il ne boit pas.

Chez la femme, il existe un type d'alcoolisation particulier : la dypsomanie. Pour les femmes atteintes de ce trouble, la dépression marque l'entrée dans la maladie alcoolique. Les symptômes sont assez facilement repérables. En général, la femme boit en cachette car elle se sent incomprise et coupable. Elle boit n'importe quel alcool qui lui tombe sous la main. Les quantités consommées sont en général très importantes, elles sont le signe de la souffrance qu'elle combat. Enfin, elle boit bien plus qu'elle ne mange. On retrouve bien, en filigrane, dans ce comportement tous les caractères de la dépression.

L'appel typique qui arrive aux standards des urgences psychiatriques est celui de la mère de famille qui, seule chez elle, téléphone à la suite d'un événement culpabilisant : par exemple, sous l'emprise de l'alcool, elle a fortement giflé son enfant. Lorsqu'une mère de famille souffre de dépression, elle ne peut l'avouer ni aux autres, ni à elle-même. Elle va chercher dans l'alcool le moyen de soulager et de cacher cette souffrance. Le drame de cette situation est que sa dépression se révèle par l'alcoolisme. Elle aura donc substitué une addiction – l'alcoolisme – dont il est difficile de s'extraire à une maladie – la dépression – que l'on peut prévenir et guérir. À terme, l'alcool prend le pas sur la dépression, qui reste non traitée, et peut aboutir à une dépendance, qui rendra inefficace la prise d'antidépresseurs.

L'alcool est donc le premier signe que vous pouvez repérer de cette dépression. Ici, votre regard est capital car il peut sauver votre amie. Inquiétez-vous de son humeur, de ses idées noires... Posez-lui des questions qui vous permettront d'orienter votre aide et le traitement qui lui conviendra le mieux. Pris à temps, le traitement de sa dépression soignera son problème d'alcool.

Chez la dypsomaniaque, la dépression précède l'entrée dans la maladie alcoolique. Chez l'homme, il est probable que la dépression soit la conséquence d'un alcoolisme de longue date. Dans la réalité, bien sûr, les choses peuvent nous paraître moins tranchées. Il peut ne pas être facile de distinguer la cause de la conséquence de la dépression, inutile de vous alarmer pour autant.

Dernier point à aborder : la dépression qui apparaît au moment du sevrage. Elle est le résultat des modifications biologiques qui interviennent au niveau du cerveau. Ce problème est connu des médecins, qui savent très bien le gérer et qui, grâce à leurs prescriptions, anticipent son apparition.

LE CAS DE SONIA

Sonia est une jeune femme au foyer, mère de trois enfants, diplômée de l'École nationale de la magistrature. Très vite, elle s'ennuie et ne se sent pas reconnue dans son nouveau statut de femme au foyer, elle qui rêvait d'embrasser une carrière de magistrat à laquelle elle a renoncé car elle était mutée dans une ville beaucoup trop éloignée de la sienne. Quand Sonia ne se sent pas bien, elle boit un petit verre de porto, le soir, pour se remonter le moral avant le retour de son mari. Très vite, le porto du soir est devenu une habitude ! Puis est venu celui de midi, etc. Aujourd'hui, Sonia boit énormément mais toujours seule et en cachette. C'est dans l'alcool qu'elle cache sa souffrance. Sonia est venue me voir grâce à une de ses amies qui ne supportait plus de la voir se détruire. Malheureusement, il était déjà tard, et j'ai renvoyé la jeune femme dans un service d'alcoologie, car le problème de l'alcool devenait le plus urgent à traiter.

• **Les traitements de la dépression, que celle-ci soit la cause ou la conséquence de l'alcoolisation**

Ils passent premièrement par le sevrage, qui reste la condition *sine qua non* de la guérison, étant donné que :

— la prise d'alcool diminue l'efficacité réelle du traitement ;

— les antidépresseurs potentialisent l'alcool (par exemple, la consommation d'un verre d'alcool assortie à la prise d'un antidépresseur revient à boire deux verres d'alcool) ;

— l'association alcool/dépression augmente le risque suicidaire, car l'alcool lève les inhibitions.

Les antidépresseurs sont une réponse adéquate à ce type de dépression. Parmi eux, on préférera les sérotoninergiques (voir p. 176), car ils semblent diminuer l'appétence pour l'alcool et sont ceux dont la tolérance hépatique est la meilleure. Cette notion est importante, car l'alcool est facteur de nombreuses maladies, notamment la cirrhose du foie, responsable en France de nombreux décès.

Par ailleurs, votre proche peut se voir prescrire des anxiolytiques s'il se trouve trop angoissé et des neuroleptiques qui ont montré leur efficacité sur le sevrage. Votre aide consiste à veiller à ce qu'il suive scrupuleusement le traitement prescrit et à le soutenir dans le processus du sevrage.

Enfin, certaines thérapies sont associées aux traitements médicamenteux. Elles sont prescrites en fonction du problème de chaque individu. Parmi elles, on trouve les thérapies cognitivo-comportementales, mais aussi les thérapies de soutien, les thérapies familiales et toutes les thérapies corporelles qui ont pour objectif de réconcilier le malade avec son corps et de lui faire découvrir des sensations qu'il a bien souvent perdues.

Enfin, l'implication dans un groupe de parole comme les Alcooliques Anonymes n'a plus à faire ses preuves tant elle s'avère efficace. Vous pouvez y accompagner votre proche, car certains groupes acceptent la présence de tiers.

Si le malade n'est pas encore pris en charge par un médecin, je vous conseille également de vous renseigner sur les thérapies d'exposition (voir p. 210), qui pourront l'aider à prendre conscience de son problème et l'inciter à consulter.

Quand la cause est la prise de drogue

La prise de drogue s'accompagne souvent d'un état dépressif. Mais, comme dans le cas de l'alcool, on peut se demander si c'est la drogue qui est responsable de l'état dépressif ou l'inverse. Ce qui est certain, c'est que les drogues ont un effet sur le cerveau et qu'elles interfèrent dans le système des neurotransmetteurs. En effet, la consommation de toxiques – quels qu'ils soient – augmente de manière significative le taux de dopamine dans certaines régions du cerveau, notamment la zone du système hédonique, autrement dit du plaisir. Quand le taux de dopamine se trouve augmenté, le plaisir ressenti par le consommateur l'est également, d'où le désir qu'il a de répéter l'expérience quand le taux de dopamine vient à chuter.

Outre la dopamine, les drogues agissent sur d'autres neurotransmetteurs, comme la noradrénaline, la sérotonine, le GABA (acide gamma-aminobutyrique), dont on connaît l'influence sur l'humeur. Certaines drogues augmentent leurs sécrétions quand d'autres les freinent. Lors du sevrage, le cerveau se retrouve « en manque » de certains neurotransmetteurs, la personne décompense et devient dépressive.

Si votre proche est dépressif parce qu'il est en période de sevrage, votre aide consiste à veiller à la bonne observance du traitement qui lui a été prescrit et à renforcer sa motivation de rester abstinent. Celle-ci, qui n'a rien à voir avec la volonté, se fonde sur la reconnaissance des aspects négatifs liés à la consommation de drogue.

- **Le traitement de la dépression du toxicomane**

Il est médicamenteux. Le médecin, en plus des traitements qui aideront au sevrage (anxiolytiques, barbituriques), prescrira un antidépresseur ou un régulateur de l'humeur en cas de bipolarité, ce qui saura prévenir un nouvel accès dépressif provoqué par l'arrêt de la consommation du produit.

Ce traitement peut être consolidé par des thérapies cognitivo-comportementales (voir p. 203), qui permettront à votre proche de modifier son comportement et ses pensées vis-à-vis de la drogue.

Quand la cause est la prise d'un médicament

Certains médicaments peuvent induire une dépression. D'une manière ou d'une autre, ils interfèrent avec le fonctionnement des neurotransmetteurs impliqués dans la maladie dépressive, soit en stimulant leur production, soit en la diminuant. Par exemple, les corticoïdes agissent directement sur la production de cortisol (hormone produite par les surrénales), et donc sur la noradrénaline (neurotransmetteur).

POURQUOI CERTAINS MÉDICAMENTS CENSÉS SOIGNER DES MALADIES SPÉCIFIQUES PEUVENT-ILS PROVOQUER DES ÉTATS DÉPRESSIFS ?

Comment comprendre que des organes aussi éloignés les uns des autres cultivent une telle dépendance ? Les réactions endocriniennes doivent être considérées comme des réseaux où seuls importent la relation et l'équilibre de ces organes. Ainsi a-t-on découvert l'axe hypothalamo-hypophyso-surrénalien, composé de trois glandes. La première, l'hypothalamus, est située dans le cerveau. Elle émet une hormone appelée vasopressine, qui elle-même excite une autre glande, l'hypophyse. Cette dernière sécrète de l'ACTH (adréno-coticopique hormone), qui active les surrénales. Celles-ci émettent à leur tour du cortisol, qui ferme la boucle en réactivant l'hypothalamus, conduisant ainsi à la sécrétion de la noradrénaline. Voilà pourquoi la prise d'un médicament n'est jamais innocente. Il peut, même si sa fonction semble éloignée de la dépression, induire des dysfonctionnements importants.

La liste des médicaments qui induisent une dépression est longue, mais beaucoup ont été répertoriés et sont connus comme tels. Il s'agit notamment des antiviraux prescrits pour traiter le sida ou l'hépatite B, des antiulcéreux, des antihypertenseurs et des amphétamines.

Il est donc important, lorsque votre proche suit un traitement médicamenteux, de vous interroger sur le moment où la dépression est apparue. Conseillez-lui d'en parler au plus vite à son médecin : il pourra ainsi, si la dépression est apparue après le début du traitement, remplacer le médicament par un autre de la même classe thérapeutique, ou interrompre le traitement. Nous n'insisterons jamais assez sur le fait qu'un traitement ne doit jamais être arrêté sans avis médical, sous peine de nuire gravement à la santé du patient.

• **Le traitement de la dépression due à la prise de certains médicaments**

Il passe, en général, par l'arrêt du médicament qui est la cause de la dépression, mais encore une fois ce n'est pas à vous d'en décider.

Quand l'automédication est la cause de la dépression

L'automédication désigne le fait de se soigner soi-même, sans avoir recours à une prescription médicale. Aujourd'hui, cette conduite est malheureusement très répandue dans notre société, où l'on ne tolère pas de souffrir. La consommation de produits psychotropes (qui agissent sur le cerveau) est devenue une pratique courante. Les femmes et les adolescentes se trouvent plus concernés par ce problème que les hommes. Selon le rapport récent de l'OFDT (Observatoire français des drogues et des toxicomanies), « 6 % des hommes et 12 % des femmes ont fait usage d'antidépresseurs au cours de l'année, ces chiffres étant respectivement de 12 % et 20 % pour la catégorie comprenant les tranquillisants (anxiolytiques) et les somnifères (hypnotiques). La prise de médicaments psychotropes au cours de l'année augmente avec l'âge, passant de 7 % entre 18 et 25 ans à 11 % chez les plus de 55 ans pour les antidépresseurs, et de 9 % à 23 % pour les tranquillisants et les somnifères. Chez les 55-75 ans, environ une femme sur trois a consommé des médicaments psychotropes au cours des douze derniers mois, contre un homme sur cinq ».

Toutes les classes thérapeutiques (anxiolytiques, antidépresseurs, somnifères) se trouvent, quand elles n'ont pas fait l'objet d'une prescription, détournées de leur usage réel et se voient consommées d'une façon anarchique et aberrante, sans aucun respect des précautions.

Les médicaments sont utilisés non pour leur effet principal, mais pour leurs effets collatéraux. Les psychostimulants sont pris dans le but de « finir un projet », de « se donner un coup de fouet », voire de « maigrir ». Les sédatifs sont pris comme « tranquillisants » pour préparer le sommeil, se détendre... L'association d'alcool est également courante pour adoucir la descente d'autres toxiques.

Les psychotropes ont tous, sans exception, une action sur la biochimie du cerveau. Quand on les prend sans ordonnance médicale, on aboutit automatiquement à un dérèglement des systèmes de sécrétion et de recapture des neurotransmetteurs. Il n'y a donc rien d'étonnant à ce que se produisent des « accidents »... parfois mortels. Ceux qui le font agissent comme des conducteurs au volant qui ne cesseraient de donner de grands coups d'accélérateur suivis de grands coups de freins. Un résultat catastrophique est inévitable.

Par ailleurs, certains de ces médicaments, par exemple les anxiolytiques, ont pour effet d'engendrer un phénomène de dépendance et d'accoutumance. Pour se sentir bien, le consommateur éprouve, en effet, le besoin d'en augmenter les doses et les prises, sans quoi il ne ressent plus les effets qu'il recherche. La survenue d'une dépression, maladie où la biochimie occupe une place de choix, n'a donc rien d'étonnant dans ce contexte.

Si votre proche est dans ce cas, vous devez absolument le lui faire remarquer et le prévenir des risques qu'il encourt. Ici, toute votre aide consistera à lui faire admettre que son comportement doit le conduire à consulter d'urgence un médecin.

LE CAS DE MADAME C

Madame C m'explique qu'elle prend un anxiolytique dès qu'elle se sent un peu stressée ou angoissée. Cela fait des années qu'elle fonctionne ainsi. Depuis quelque temps, parce qu'une amie lui a dit qu'elle ne pouvait continuer ainsi, elle a essayé de tout arrêter. Depuis, elle se sent très mal. Madame C souffre d'une dépression dont la cause tient aux prises intempestives de son anxiolytique. Ce type de médicament entraînant une accoutumance et une dépendance, elle ne devait pas l'arrêter d'un seul coup. Cet arrêt aurait dû être progressif et s'effectuer sous contrôle médical pour que son cerveau se désaccoutume petit à petit. Par ailleurs, je l'ai orienté vers un psychiatre cognitivo-comportemental afin qu'elle apprenne à gérer son stress d'une manière autre que par la prise d'un petit cachet « miracle ».

• Le traitement de la dépression due à l'automédication

Si votre proche est dépendant des psychotropes, son traitement sera similaire à celui de l'alcoolique (voir p. 151) : sevrage, groupe de parole et thérapie cognitivo-comportementale seront nécessaires pour réorienter son comportement.

Le facteur traumatique

On parle surtout de la médecine posttraumatique quand des psychologues viennent en aide aux victimes de catastrophes naturelles. Mais le traumatisme n'est pas toujours aussi spectaculaire.

La définition du traumatisme doit être beaucoup plus large : il représente une perte d'intégrité physique ou morale pour l'individu. Il peut s'agir, à des degrés divers, d'un accident de la route banal, d'un cambriolage, d'une rumeur malveillante et persistante à son égard ou d'un harcèlement. Beaucoup d'entre nous – les femmes sont deux fois plus touchées que les hommes – ont connu ce genre de problème aux conséquences fâcheuses.

Un état de stress posttraumatique peut se mettre en place dans les semaines, voire les mois qui suivent la mésaventure ; il dure en général de quelques mois à plusieurs années.

Tous ceux qui ont vécu un traumatisme, quel qu'il soit, ne sont cependant pas forcément atteints de dépression. Environ deux tiers des personnes répondent normalement à la situation de stress, seul un tiers est traumatisé, dont 10 à 30 % seront sans doute victimes d'une dépression.

Pour qu'il y ait une dépression après un événement douloureux, il faut non seulement un traumatisme, mais aussi l'existence d'un état de stress posttraumatique. Celui-ci se manifeste par des moments de grande anxiété pouvant aller jusqu'à l'angoisse paralysante, un sentiment de transformation, voire d'étrangeté par rapport à l'entourage, la remontée du souvenir de l'événement traumatisant le jour ou la nuit sous forme de cauchemar, un évitement des situations qui rappellent l'événement. Cette activité occupe tout l'espace mental et devient très invalidante. Les signes décrits peuvent donner lieu à des troubles de la concentration, de la mémorisation, des difficultés sociales et professionnelles, une anesthésie affective et, enfin, la sensation de ne plus rien ressentir, le sentiment d'être sans avenir.

Rappelons que la mise en place de tels symptômes peut être la conséquence d'un événement grave ou, au contraire, que vous considérez comme banal, le vol d'une photo par exemple.

La mise en lumière de ce syndrome posttraumatique est donc capitale. La probabilité d'en arriver à la dépression à la suite d'un traumatisme est d'autant plus grande que la période de souffrance a été longue et que l'événement traumatique est loin. Par ailleurs, il est bien évident que plus il est éloigné dans le temps, moins le rapport avec la dépression est facile à faire. En tant que proche, vous pouvez parfois être le seul témoin de cet événement traumatisant.

LE CAS DE PASCAL

Pascal est un jeune homme de 29 ans. Il a été victime d'un cambriolage, il y a quelques mois. Aujourd'hui, il est en pleine dépression. Pourtant, le traumatisme subi et tel qu'il vous l'explique peut paraître bien disproportionné. En effet, Pascal le justifie par le fait qu'on lui a volé la photo de ses parents, le reste (ses vêtements, son ordinateur, sa montre, etc.) ne lui posant pas vraiment de problème. En l'interrogeant, il ressort que Pascal a été abandonné par ses parents quand il était jeune, et que la seule chose qui le rattachait à son passé était cette photo.

Ce cas illustre qu'un fait apparemment anodin, comme le vol ou la perte d'une photo, peut tout à fait être un réel traumatisme de nature à déclencher un stress posttraumatique susceptible d'évoluer en dépression.

• Le traitement de la dépression posttraumatique

Il est constitué d'antidépresseurs sérotoninergiques. Preuve a été faite, en effet, que la sérotonine est le neurotransmetteur principalement mis en cause, aussi bien dans le stress posttraumatique que dans la dépression qui lui succède.

Parallèlement au traitement médicamenteux, un abord psychothérapeutique spécifique au « posttrauma » doit être mis en place, dont l'objectif sera de désensibiliser la personne à son traumatisme. L'hypnose ou l'EMDR (voir p. 215), où l'on fait imaginer et revivre au patient son traumatisme, sont ici parfaitement indiqués.

La reconstruction de la pensée peut se faire grâce aux thérapies cognitives, et parfois grâce à une écoute analytique dans les cas où le traumatisme réactive une peur enfantine qui a peut-être exacerbé le syndrome posttraumatique.

La dépression saisonnière

Certaines dépressions surgissent régulièrement à certaines saisons, notamment au début de l'automne et en hiver, qui correspondent à des modifications brutales de l'exposition à la lumière. Ce type de dépression, qui touche plus particulièrement les femmes, laisse penser que la lumière peut être un facteur important de son apparition, voire sa cause. L'hormone mise en jeu est la mélatonine, dont on sait qu'elle est le synchronisateur de toutes les horloges biologiques. Les variations de la sécrétion de mélatonine agissent alors comme un déclencheur de l'épisode dépressif, qui peut durer plusieurs mois.

Les signes caractéristiques de la dépression saisonnière sont, bien sûr, les troubles du sommeil, notamment une hypersomnie, avec inversion des cycles diurnes et nocturnes. Ils s'accompagnent d'une augmentation de l'appétit – la personne prend du poids car elle se tourne plus facilement vers des aliments sucrés –, d'une grande fatigue, d'une labilité de l'humeur, d'une baisse de la libido, de l'envie de ne pas sortir de chez soi. C'est un peu comme si la personne « hibernait ».

LE CAS DE MARIE-LOU

Chaque année, à l'automne, Marie-Lou se sentait mal. Elle n'avait plus envie de sortir de chez elle, dormait beaucoup, se laissait facilement aller à grignoter bon-

bons, gâteaux, chocolats. Elle qui, d'habitude, passait son temps au théâtre n'avait plus le courage de sortir le soir. Cet état durait depuis plusieurs mois. Marie-Lou m'explique qu'elle souffre du manque de lumière qui rend les gens et les trottoirs « tristes ». Pour elle, tout se teinte en gris, et son moral aussi.

En fait, Marie-Lou souffre d'une dépression saisonnière. Aujourd'hui, après avoir fait quelques séances de luminothérapie en milieu hospitalier, elle poursuit les séances chez elle. Chaque matin, elle se met devant sa lampe spéciale. Par ailleurs, cette dépression étant récurrente, je l'ai mise sous thymorégulateur pour prévenir la survenue de la maladie l'hiver prochain.

• Le traitement de la dépression saisonnière

Si votre proche ressemble à ce portrait, votre aide consistera avant tout à prévenir cet état dépressif en lui faisant remarquer que c'est souvent à ces périodes particulières de l'année qu'il se sent mal et à le pousser à consulter un médecin qui saura lui indiquer le traitement qui lui convient le mieux. Outre le traitement médicamenteux par antidépresseurs, des séances de luminothérapie (voir p. 213) peuvent être pratiquées à l'hôpital, chez le médecin ou encore à domicile.

En plus du traitement de l'épisode dépressif, un thymorégulateur peut être envisagé par le médecin, ce type de molécule étant efficace pour éviter la récurrence.

Vous avez désormais toutes les clés en main pour identifier la dépression (ou déprime) dont souffre votre proche. L'enquête que vous avez menée vous a sans doute permis de remonter aux origines de sa souffrance. Il vous reste à découvrir les moyens thérapeutiques utilisés aujourd'hui pour aider un être souffrant à retrouver le goût de vivre. C'est ce que vous propose la dernière partie de cet ouvrage.

Troisième partie

LES TRAITEMENTS ACTUELS DE LA DÉPRESSION

Chapitre 1

Les traitements médicamenteux

Nous sommes tous sujets à des variations de l'humeur. Celle-ci est le fait de mécanismes biologiques complexes qui aboutissent à la régulation des neuro-médiateurs. Aujourd'hui, ces phénomènes sont bien connus de la communauté scientifique et représentent un véritable îlot de connaissance au milieu de l'océan d'inconnues que constitue le fonctionnement du cerveau. Le bon équilibre de nos humeurs suppose que la chaîne des neuromédiateurs monoaminergiques, sérotoninergiques, noradrénalinergiques et dopaminergiques, qui agissent en cascade, ne soit pas rompue. D'après les études neurobiologiques, il semblerait que, dans le cas de la dépression, la sérotonine et la noradrénaline viennent bloquer le système dopaminergique.

Comment fonctionne notre « thermostat » intérieur ?

Nous tentons en permanence d'influer, consciemment ou inconsciemment, sur nos humeurs. Par exemple, quand une mauvaise nouvelle nous parvient, nous compensons aussitôt en nous accordant un petit plaisir. Nous tentons de régler les problèmes de notre vie par un effort volontaire (parfois douloureux) qui, à terme, tend à nous ramener vers l'harmonie. Si les mécanismes cérébraux réagissent à notre comportement en augmentant ou en diminuant la sécrétion des différents neuromédiateurs, c'est parce que notre cerveau contient un thermostat qui régule notre humeur. Ce mécanisme peut, à certains moments, se trouver dépassé :

— soit parce que la sollicitation extérieure est trop forte, par exemple lors d'un traumatisme ;

— soit parce que nous maltraitons ce mécanisme (c'est le cas des personnes qui prennent de la cocaïne, produit qui entraîne une augmentation soudaine et trop importante de la sécrétion de dopamine) ;

— soit encore parce que ce mécanisme est structurellement fragilisé ou déficient. Nous n'avons pas tous le même nombre de récepteurs de sérotonine. Si ceux-ci sont en nombre insuffisant, la sérotonine déversée dans la synapse ne pourra être récupérée par le neurone voisin, et notre cerveau sera en manque de ce neuromédiateur. D'autres organes peuvent instiller de mauvaises informations au cerveau, comme la glande thyroïde (voir p. 136).

On comprend mieux pourquoi nous ne sommes pas tous égaux devant la maladie dépressive ! Celle-ci pourrait d'ailleurs être définie comme le moment où nos efforts et notre volonté n'influent plus sur notre système d'autorégulation, autrement dit, le moment où notre thermostat intérieur se trouve bloqué.

L'humeur dépressive est donc un esprit privé de fonctionnement – une pensée arrêtée –, ce qui induit une souffrance incommensurable. La cause, même si elle est connue, disparaît, comme submergée par cette souffrance : on ne pense pas la dépression, on la vit dans l'instant !

Si les médicaments peuvent libérer le système, ils n'agissent malheureusement pas sur toutes les causes. Leur efficacité peut paraître magique si la cause est intimement liée au fonctionnement même du régulateur. C'est le cas des dépressions héréditaires. À l'inverse, leur effet sera limité si la cause est extérieure, que celle-ci soit inscrite dans la réalité (comme un événement traumatique), liée au fonctionnement psychique ou provoquée par le dérèglement d'un autre système. Enfin, les médicaments seront inopérants si la déficience est organique ou consécutive à la prise de produits toxiques (drogues, alcool, médicaments).

Cela explique l'extrême variabilité des résultats des antidépresseurs sur la souffrance dépressive. S'ils libèrent de cette souffrance, il faut être conscient qu'ils bloquent le système d'autorégulation de façon artificielle et que, par conséquent, ils annihilent l'autorégulation naturelle. La prise d'antidépresseurs est donc une véritable intervention extérieure qui prend le pas sur un mécanisme interne. Prescrire, c'est agir sur l'intégrité psychique, ce qui suppose qu'un jour ou l'autre on mette fin au traitement. Bien sûr, cet arrêt du traitement ne peut se concevoir sans une indication médicale faite en connaissance de cause, et surtout de *la* cause. Comme nous l'avons déjà vu, toute souffrance psychique n'est pas une dépression. Ce diagnostic doit être posé à partir de signes précis et de la recherche d'une cause dont dépendra le traitement. La complexité du diagnostic et du traitement reste l'affaire d'un spécialiste.

Les antidépresseurs

Les antidépresseurs ont vu le jour à la fin des années 1950. Leur mise sur le marché a révolutionné la vie des patients dépressifs. Jusqu'alors, en effet, il n'existait pas de médicaments efficaces sur les troubles de l'humeur, et la maladie dépressive conduisait parfois à des hospitalisations définitives.

Un antidépresseur est un médicament qui a pour effet de rééquilibrer l'humeur en agissant sur les voies biologiques complexes du cerveau. Lorsqu'un médecin le prescrit, il cherche avant tout à redresser l'humeur de son patient, pour que celui-ci se sente moins triste, moins abattu, libéré de ses idées noires et qu'il puisse à nouveau avoir accès à ses affects. L'action de ce type de médicament intervient en général au bout de huit à quinze jours de traitement et, selon l'antidépresseur, elle se stabilise après trois semaines. Mais attention, le malade ne doit surtout pas arrêter le traitement à ce moment-là !

Comment s'établit la prescription du médecin ?

Si les mécanismes biochimiques de la dépression sont aujourd'hui bien connus, c'est grâce à des dosages qui, malheureusement, sont inapplicables dans la pratique courante. On évalue la présence des neuromédiateurs en dosant dans le sang leurs produits de dégradation. Mais ces examens restent trop complexes et coûteux pour se généraliser.

Aujourd'hui, l'imagerie médicale permet de visualiser dans quelle partie du cerveau intervient la dépression. Mais cette technique n'est pas assez parlante car elle ne permet pas de savoir de quel type de dépression il s'agit.

Pour orienter la prescription, reste au médecin l'examen clinique, autrement dit les signes présentés par le patient, qui lui laissent penser qu'il a affaire à une dépression mettant en cause tel ou tel neuromédiateur. Ensuite, le médecin prend en compte d'autres critères comme :

– la rapidité d'action de l'antidépresseur, car certains agissent plus ou moins vite ;

– le bénéfice/risque qu'il a à donner ce produit plutôt qu'un autre ;

– la facilité que le malade aura à suivre son traitement, puisqu'on sait qu'un traitement mal suivi n'est d'aucune efficacité et peut même s'avérer très dangereux.

Un suivi régulier reste, bien sûr, le maître mot de ce type de traitement.

La classification des antidépresseurs

De nouveaux antidépresseurs sont régulièrement mis sur le marché, qui permettent de cibler le neuro-médiateur sur lequel le médecin souhaite agir – sérotonine ou noradrénaline. Les premiers apparus, les tricycliques et les IMAO (inhibiteurs de monoamine oxydase), n'étaient pas aussi sélectifs et, surtout, leurs effets indésirables étaient très importants.

Aujourd'hui, il existe à peu près 80 antidépresseurs, qui se répartissent en cinq classes thérapeutiques. On peut aussi les classer en fonction de leurs effets collatéraux. C'est d'ailleurs dans ce domaine que la recherche a fait le plus de progrès. Par effets collatéraux, on entend ceux vécus par le patient comme bénéfiques. Ainsi, certains antidépresseurs, en plus de leur objectif premier, sont également psycho-stimulants, sédatifs ou anxiolytiques. D'autres agissent sur les douleurs physiques en les diminuant.

À côté, il existe aussi des effets secondaires, ceux que le malade ressent comme négatifs. Il s'agit

notamment de vertiges, de nausées, de vomisse-
ments, de constipation, de sécheresse buccale, de
chutes de tension, de prise de poids. En général, ces
désagréments s'estompent après quelques jours de
traitement.

L'AVENIR DES ANTIDÉPRESSEURS

Aujourd'hui, les scientifiques travaillent à de nouveaux
antidépresseurs, avec un objectif double : diminuer les
effets secondaires et trouver de nouvelles molécules
qui agissent sur de nouveaux neurotransmetteurs,
comme la mélatonine. Le traitement de la dépression
s'oriente ainsi vers des antidépresseurs qui seraient de
plus en plus sélectifs, agiraient de plus en plus rapidement et dont les effets secondaires seraient le plus
faibles possible.

Si le progrès est indéniable, il a eu pour effet pervers
de banaliser l'usage des antidépresseurs, lesquels sont
désormais prescrits pour traiter toute souffrance psychique, même s'il ne s'agit pas d'une dépression à proprement parler. Ils sont également parfois utilisés pour
leurs effets collatéraux – contre la fatigue, pour maigrir,
comme tranquillisants, voire comme somnifères.

Changer d'antidépresseur

Dans certains cas, le médecin peut changer l'antidépresseur initialement prescrit, mais cette décision
lui appartient exclusivement. Ce changement ne
s'opère en général qu'après plusieurs semaines de

traitement, le temps nécessaire pour affirmer que l'antidépresseur est inefficace.

Toutefois, les effets parallèles, qu'ils soient collatéraux ou secondaires, peuvent être à l'origine d'une décision de changement plus rapide. C'est le cas, par exemple, d'un antidépresseur stimulant qui peut rapidement angoisser le malade ou d'un autre, trop sédatif, qui compromettrait son activité. Ces changements sont importants car l'inconfort provoqué par un médicament conduit souvent le patient à arrêter son traitement.

Une prescription dangereuse !

Si les antidépresseurs ont fait leurs preuves dans le traitement de la maladie dépressive, la propension que nous avons à les utiliser dans toutes les formes de souffrance s'avère catastrophique. C'est une véritable pilule du malheur qui est distribuée.

En France, on a recensé que 6 % des hommes et 13 % des femmes font usage d'un antidépresseur en un an pour soigner une maladie où le sexe n'est pas déterminant. Une femme sur cinq est, après 55 ans, sous antidépresseurs contre un homme sur dix, bien qu'aucune statistique n'indique que cette pathologie s'aggrave avec l'âge. Et l'usage de ces médicaments augmente avec l'âge, à l'instar de la consommation quotidienne d'alcool.

Toutes les études s'accordent pour dire que les personnes vraiment dépressives sur une année ne constituent que 4 % de la population, sur les 15 % qui suivent un traitement par antidépresseurs... Ce qui signifie clairement que la prescription est deux à trois fois supérieure au besoin réel. Au cours des dix dernières années, la consommation de ces médicaments a augmenté de 20 %. Pis, ce comportement est induit dès le plus jeune âge. À 17 ans, 31 % des filles et 13 % des garçons ont déjà fait l'expérience de ces produits. Cette prescription peut être établie par un médecin de façon ponctuelle. Dans un quart des cas, ce sont les parents de l'adolescent qui lui donnent leurs propres médicaments, et enfin, un quart des jeunes s'automédicamentent eux-mêmes. Or, sur cette tranche d'âge, l'inefficacité des antidépresseurs est patente. Une décision récente de l'AFSSAPS (Agence française de sécurité sanitaire des produits de santé) vient confirmer ce constat en en déconseillant la prescription chez les jeunes. Tous les adolescents suicidaires se voient prescrire des antidépresseurs, ce qui n'a rien changé aux 150 000 tentatives de suicide par an que compte la France, et l'anorexie reste parfaitement indifférente à ce type de traitement.

En plus d'être inefficaces dans cette tranche d'âge, ils sont dangereux. Par ailleurs, les antidépresseurs qui continuent à remplir nos pharmacies constituent une véritable tentation pour le suicidaire (voir p. 92).

Ce constat nous amène à une question essentielle : que cherchent à soigner les Français en prenant des antidépresseurs ? Sûrement pas la dépression...

Aujourd'hui, toute souffrance est systématiquement prise pour une dépression alors que notre vie est ponctuée de crises, de moments difficiles, de souffrances liées à notre propre fonctionnement ou à des événements extérieurs. Ces crises sont parfois brutales, insidieuses, mais il arrive un moment où un problème envahit notre psychisme au point de devenir une obsession. Ce sujet unique prévaut alors sur tout autre, et le monde autour de nous s'efface devant la douleur. Nous nous retrouvons soudain dans l'impossibilité de penser, d'agir, de réagir. Il faut être bien conscient que ce moment où notre intégrité psychique est mise à mal correspond à une crise qui ne trouvera jamais sa réponse dans la prise d'un antidépresseur ! C'est l'instant des remaniements indispensables de prises de décision difficiles, voire douloureuses, l'instant terrible où l'on peut sombrer ou au contraire renaître. Il s'agit d'une crise qui ne trouvera jamais sa solution dans la prise d'un antidépresseur. Étymologiquement, la crise est un moment de création, celui où l'on doit orchestrer sa vie, savoir prendre de nouvelles orientations. Or, l'antidépresseur nous fixe dans notre douleur, nous anesthésie au moment même où la souffrance devrait être le moteur de notre réaction. Plus qu'un médicament, c'est de l'autre dont on a besoin avant tout. En l'occurrence de vous !

Des médicaments qui peuvent même s'avérer dangereux

Aujourd'hui, les antidépresseurs ont des effets secondaires qui sont de moins en moins importants. Si les antidépresseurs de première génération (IMAO) pouvaient s'avérer dangereux, le risque est moindre de nos jours. Toutefois, certaines personnes continuent à se suicider en avalant une dose massive de ces médicaments, en association généralement avec des tranquillisants, notamment des benzodiazépines et de l'alcool. Il faut dire que les laboratoires restent assez discrets quant aux doses létales. En cas d'ingestion massive, il convient d'appeler au plus vite le centre anti-poison dont relève le domicile de la personne en danger.

LE « COMING OUT » DE PAUL

Toute la tristesse du monde se lit dans le regard de Paul. La gaieté et le plaisir l'ont quitté. Il vit prostré, avec pour seul horizon les quatre murs de sa chambre. Il a inversé le jour et la nuit, sans pour autant trouver le sommeil. Il se complaît dans des conversations sans fin sur des sites de rencontres. Tous les signes de la dépression du jeune adulte sont présents.

Paul m'a été amené car il a avalé deux boîtes entières d'antidépresseurs, y voyant la solution miracle à tous ses problèmes. Il ne voulait pas mourir... seulement disparaître ! Il s'est réveillé sans joie, avec un problème en plus : le regard des autres sur cette tentative de suicide. C'est pour se débarrasser de ce regard qu'il a accepté de me voir. Consulter, c'était ne pas avoir à répondre à ses proches qui lui demandaient « Pourquoi as-tu fait ça ? ».

Très vite, le jeune homme s'est livré dans le secret de mon cabinet. Paul s'est découvert, il y a six mois, des affinités pour un camarade de sa classe, quelqu'un du même sexe. Et s'il a accepté cette idée, il en allait tout autrement d'en faire part à son entourage, à son père en particulier.

Cette crise identitaire est fréquente chez ces jeunes garçons. Un homosexuel sur six passe à l'acte dans les prémices du « coming out ». Certains gâchent leur vie pendant plusieurs années. Cette crise n'a rien à voir avec la dépression dont elle prend le visage, car l'homosexualité reste un problème personnel à résoudre, mais l'entourage joue un rôle prédominant. Le jeune homme craint par-dessus tout la réaction de ses proches. C'est en le rassurant, en lui affirmant que rien ne changera au sein de votre relation que son état s'améliorera.

Idées reçues sur les antidépresseurs

« Ce médicament ne me fait rien, j'en augmente la dose »

Sachez qu'augmenter la dose ne sert à rien. Les antidépresseurs sont des médicaments à seuil, leur fonctionnement est lié à leur taux plasmatique dans le sang. Ce taux mesurable n'est pas le même pour tout le monde. Par ailleurs, contrairement aux anxiolytiques, les antidépresseurs n'ont pas une action exponentielle, c'est-à-dire que ce n'est pas parce qu'on en augmente la dose que leur action s'en trouve améliorée.

« Le médecin a donné à un voisin une posologie plus importante, donc j'augmente »

Erreur : le voisin de votre ami pèse peut-être trente kilos de plus que lui, il est donc normal que le médecin ait adapté la posologie à son poids. Comme nous l'avons dit précédemment, le taux plasmatique nécessaire pour qu'un antidépresseur soit efficace dépend de chacun. Les antidépresseurs ont un seuil plasmatique minimal à atteindre pour être efficaces et un seuil maximal au-delà duquel ils n'ont plus d'efficacité et entraînent des effets secondaires importants.

« Cet antidépresseur ne me fait rien, j'en change »

Vous n'êtes pas habilité à prendre vous-même cette décision. Un antidépresseur n'est vraiment efficace qu'après deux à huit semaines de traitement. Contentez-vous d'en parler avec votre médecin et, en attendant, respectez scrupuleusement sa prescription.

J'ai oublié de prendre mon antidépresseur hier, je double la dose aujourd'hui »

Un oubli occasionnel n'est pas un drame... s'il reste occasionnel. Des oublis systématiques, en revanche, compromettent l'efficacité du traitement et mettent en danger la santé de la personne dépressive. Doubler la dose ne sert à rien. Comme nous l'avons vu, dépasser le seuil maximal du taux plasmatique ne peut qu'occasionner des effets secondaires susceptibles d'être importants. Conseillez à votre ami de poursuivre son traitement ou d'appeler son médecin s'il a un doute.

« Je me sens beaucoup mieux, je n'ai plus besoin de prendre des antidépresseurs »

Ne laissez jamais un dépressif décider seul de l'arrêt de son traitement. Les antidépresseurs sont en général prescrits pour une durée de plusieurs mois, et il est normal qu'au bout de quelques semaines l'état dépressif disparaisse. C'est l'inverse qui serait étonnant et qui supposerait un changement de classe thérapeutique. L'arrêt de l'antidépresseur se fait en accord avec le médecin pour deux raisons principales : d'une part, parce que certains symptômes peuvent apparaître, telles des bouffées d'anxiété, de l'irritabilité ; d'autre part, parce que l'arrêt obéit à des protocoles bien définis et se fait toujours progressivement et non du jour au lendemain.

« Je ne le prends plus car je vais devenir dépendant »

Contrairement à certains autres médicaments psychotropes (tranquillisants, somnifères), les antidépresseurs n'entraînent pas de dépendance. Celle-ci se définit comme l'impossibilité de cesser le traitement sans syndrome de sevrage. Les rares cas où elle a pu être observée concernent les antidépresseurs IMAO. Mais force est de constater que les sujets chez qui ce phénomène s'est manifesté étaient des personnalités à risque, comme les toxicomanes, les alcoolodépendants ou des personnes ayant déjà eu des problèmes de comportement alimentaire. La sensation de dépendance aux antidépresseurs est liée aux effets collatéraux de ces derniers. L'arrêt des antidépresseurs psychostimulants est, en particulier, vécu comme une baisse de régime par le patient. Le risque de dépendance physique, lui, est quasiment nul et ne doit pas l'inquiéter.

« Je suis enceinte, donc j'arrête mon traitement »

La grossesse est un moment particulier où la prise de médicaments doit toujours faire l'objet d'un avis médical.

La survenue d'une grossesse en cours de traitement est sans conséquence, mais sa poursuite pouvant l'être, parlez-en au plus vite au médecin.

Les régulateurs de l'humeur, ou thymorégulateurs

Les régulateurs de l'humeur constituent le traitement de fond des dépressions bipolaires (alternance d'épisodes dépressifs et maniaques) ou monopolaires, ainsi que celui de l'accès maniaque lui-même. En prévenant la rechute, ils sont une indication de choix pour les épisodes dépressifs à répétition. Les accès – tant dépressifs que maniaques – ont des conséquences très lourdes sur le plan social et psychique. Rappelons simplement que la fréquence des suicides chez les malades bipolaires est évaluée à 20 %. Sur le plan économique, une étude américaine évalue à 40 milliards de dollars le coût annuel de cette maladie. On comprend qu'un traitement de fond soit indispensable !

Ce traitement existe depuis la nuit des temps, puisque les Romains faisaient déjà des cures pour leurs humeurs noires dans des eaux dont on a découvert qu'elles étaient riches en sels de lithium. Ce traitement, efficace, agit directement sur l'équilibre de l'humeur, en somme sur le « thermostat ». À ces sels de lithium (Neurolithium®, Teralithe®), la pharmacopée française a ajouté Tégrétol®, Trileptal®, Dépamide® et Dépakote®. La prescription de l'un de ces thymorégulateurs est indispensable, les sels de lithium constituant le médicament de référence.

Il est avéré que les thymorégulateurs réduisent les risques de suicide et diminuent le taux de mortalité au niveau de la population générale. Les contre-indications sont rares : un mauvais fonctionnement des reins, des troubles cardiaques sévères et la grossesse demandent une surveillance accrue. Les effets indésirables sont ceux que l'on rencontre dans un régime trop salé, car le lithium est un sel : soif, augmentation des mictions, diarrhée, troubles du transit et tremblements imperceptibles. Ces contre-indications nécessitent un bilan médical avant la prescription (bilan cardiologique, rénal et thyroïdien). Durant le traitement, un suivi de la lithémie (taux de lithium dans le sang) est nécessaire. En général, celui-ci a lieu tous les deux à six mois, sauf au début du traitement où la surveillance est plus rapprochée. L'examen sanguin permet au médecin d'adapter la posologie.

Si des thymorégulateurs ont été prescrits à votre proche, vous devez l'aider à poursuivre son traitement même en l'absence de rechute sur une très longue période, car c'est sans doute à lui qu'il doit sa guérison. Cette prescription est en général faite à vie. Aux urgences psychiatriques, nous constatons au quotidien des récidives d'états maniaques lors d'une interruption intempestive du traitement. Les femmes ont souvent peur de ce médicament car elles redoutent une prise de poids. De fait, le sel de lithium, comme tout sel, retient l'eau, mais elles prendront un kilo, tout au plus...

Des médicaments à part...

Les tranquillisants

Représentés notamment par la classe thérapeutique des benzodiazépines, les tranquillisants sont des médicaments qui servent à soigner l'angoisse ou l'anxiété. Ils ne constituent en aucun cas le traitement approprié de la dépression. Leur usage est beaucoup plus dangereux que celui des antidépresseurs, car ces médicaments masquent la cause sans la soigner. L'expérience quotidienne de l'ensemble des psychiatres semble l'attester, puisque, selon des chiffres récents, la prescription d'antidépresseurs a augmenté de 20 % là où celle des tranquillisants a été réduite presque de moitié.

Ces médicaments ont des propriétés qui leur sont particulières. Selon le cas, ils sont plus ou moins sédatifs, anxiolytiques, myorelaxants et anticonvulsivants. Contrairement aux antidépresseurs, ils induisent une dépendance, une accoutumance, des troubles de la mémoire et de la concentration. Leur prescription, quand elle est nécessaire, doit toujours se faire sous contrôle médical et ne jamais dépasser quelques semaines. Leur arrêt doit faire l'objet d'une diminution progressive, et c'est au médecin d'en juger.

Dans le passé, l'adjonction d'un tranquillisant à l'antidépresseur se faisait systématiquement, car on craignait un passage à l'acte lors de la « levée de l'inhibition ». Ce phénomène était dû au fait que, au début de la prise de l'antidépresseur, la personne était en proie à un regain d'énergie, alors que ses idées noires étaient toujours présentes. Aujourd'hui, un médecin peut prescrire un antidépresseur dont les effets collatéraux sont sédatifs et anxiolytiques, cette précaution est donc obsolète.

C'est le choix de l'antidépresseur, le tempérament de la personne et la cause de la dépression (notamment le tempérament anxieux) qui justifient la prescription d'un tranquillisant. Si le médecin en prescrit un, le dépressif doit respecter les doses car elles sont adaptées à son cas, suivre scrupuleusement le temps indiqué et ne pas décider lui-même de poursuivre le traitement. Ne laissez jamais un dépressif prendre les tranquillisants prescrits pour une autre personne. Encore une fois, tous les médicaments répondent à une susceptibilité individuelle.

Enfin, la consommation de boissons alcoolisées pendant le traitement est formellement contre-indiquée sous peine d'augmenter l'action du médicament (effet de potentialisation) et d'exposer le malade à des effets secondaires très néfastes pour sa santé. En tant que proche, vous devez être vigilant avec la personne qui prend des tranquillisants. En sa compagnie, restez sobre.

Les somnifères

Chez un dépressif, le sommeil est la première chose qui doit faire l'objet d'une médication. L'inversion du jour et de la nuit est courante, et la permanence des dysfonctionnements du sommeil aggrave la dépression.

Les somnifères, comme leur nom l'indique, sont des médicaments qui aident la personne à dormir. Ils sont représentés par la classe des hypnotiques. Il n'est pas rare de voir un dépressif continuer à prendre des somnifères après l'arrêt des antidépresseurs, alors que le retour du sommeil est l'un des premiers signes de la guérison. Cette poursuite est le seul fait de l'accoutumance et de l'assuétude. L'accoutumance signe le besoin physique d'une substance, qui se traduit par un vrai malaise. L'assuétude est le manque psychique d'un produit et se caractérise par l'habitude et le conditionnement du sommeil par la prise d'un somnifère. Ce mal-être physique et psychique crée, à l'arrêt du somnifère, un effet rebond. Il faut convaincre votre proche qu'arrêter un hypnotique, c'est accepter de mal dormir pendant quelques jours pour retrouver un sommeil normal au bout de quelques semaines. Il aura la sensation de voir revenir, dans ce qu'il vivra comme une insomnie, un signe douloureux de sa maladie dépressive.

Comme les tranquillisants, les somnifères ne constituent en rien le traitement de la dépression. Leur prescription doit se limiter à des cas particuliers, par exemple si le médecin a choisi un antidépresseur stimulant à un patient qui souffre de troubles du sommeil, ou encore si le manque de sommeil et l'anxiété font craindre une augmentation du risque suicidaire.

Le conditionnement actuel des médicaments en France fait de la boîte de somnifères un objet potentiellement dangereux pour le dépressif. Face à ce problème, vous devez vous instituer « prescripteur », en lui donnant ses somnifères plaquette par plaquette, voire comprimé par comprimé.

Les alternatives au traitement par antidépresseurs

Il arrive, pour diverses raisons, que la prescription d'un antidépresseur soit contre-indiquée chez certaines personnes. Il existe d'autres moyens pour soigner la dépression, qui ont fait la preuve d'une véritable efficacité. Il s'agit de l'électroconvulsivothérapie, ou narcose, une technique introduite en France dans les années 1940 et qui a été largement améliorée, et de la stimulation électrique transcrânienne, beaucoup plus récente et pour laquelle nous avons moins de recul.

L'électroconvulsivothérapie, ou narcose

Électrochoc, électronarcose ou narcose tout court, cette technique vient de la rencontre de deux pathologies – la dépression et l'épilepsie – à une époque où la violence des accès dépressifs menait tout droit à l'asile. Il n'y a, à ce jour, aucun lien entre ces deux maladies, si ce n'est que les patients semblaient ne plus être dépressifs lorsqu'ils faisaient une crise d'épilepsie.

La narcose est donc la reproduction d'un épisode épileptique par les moyens de l'époque. À l'instar d'une crise d'épilepsie, le dépressif reçoit une décharge électrique dans le corps. N'imaginez pas pour autant que l'on branche le patient sur le courant du secteur ou qu'on lui envoie du courant électrique dans le cerveau.

L'électrochoc, dont le voltage est aussi élevé que celui d'une pile, est une simple stimulation, qui donne une impression de chatouillement à votre doigt, mais qui, au niveau de la méninge, crée une « crise » épileptique. Les effets terribles de l'époque étaient ceux de l'épilepsie elle-même : morsure de la langue, convulsions, yeux révulsés, salivation importante. Ces conséquences physiques sont aujourd'hui complètement supprimées par l'adjonction de curare. Ne reste donc plus que l'effet bénéfique sur le cerveau. Certains patients venus pour une narcose de rappel repartent quelques heures après au volant de leur propre voiture. Preuve que cette technique a largement progressé.

Les effets salvateurs de la narcose sont, en revanche, bien réels. Peu de dépressions résistent à ce traitement, d'une véritable efficacité, notamment lorsqu'elles sont héréditaires. C'est aussi un traitement alternatif quand les antidépresseurs sont contre-indiqués ou lorsque le traitement est un échec. Ainsi, si trois antidépresseurs de classes différentes ont été essayés sans succès et si le médecin confirme qu'il s'agit bien d'une dépression, alors le traitement indiqué est la narcose. Certains patients la préfèrent parfois aux médicaments. Elle peut être utilisée comme traitement de première intention devant l'imminence d'un passage à l'acte – c'est-à-dire même si aucun antidépresseur n'a encore été prescrit – ou une altération grave de l'état général.

Vous rencontrerez des thérapeutes pour ou contre cette technique, mais il est bien rare qu'un psychiatre n'y ait jamais eu recours. Elle s'avère efficace dans 90 % des cas, ce qui la met au même niveau que les antidépresseurs.

Le traitement par narcose nécessite une consolidation, car le risque de rechute est de un sur deux dans l'année qui suit. Elle peut être constituée soit par la prise d'un antidépresseur, soit par la répétition de séances de narcose espacées.

Ce traitement est aujourd'hui bien supporté et parfaitement maîtrisé, il n'y a donc pas lieu de le refuser d'emblée. Toutefois, si vous devez accompagner votre proche dans un lieu de soin où il va subir une narcose, cela ne sera pas chose facile pour vous, d'autant plus que l'on va vous réclamer une signature. En effet, vous devrez sans doute signer la même décharge qu'avant toute anesthésie. Dans ce cas, on vous demandera de vous substituer au patient car les troubles de l'humeur (qu'il soit dépressif ou maniaque) peuvent altérer son jugement.

Il est important que le patient accepte ce traitement, car il ne doit pas avoir une mauvaise image de cette thérapie. Une bonne information fait partie de la réussite du traitement.

Il existe toutefois quelques contre-indications, liées surtout à l'anesthésie, notamment l'hypertension intracrânienne. Celle-ci se décèle par une analyse du fond de l'œil. Il existe également des contre-indications relatives, comme un accident vasculaire cérébral récent, un infarctus du myocarde, une embolie, une malformation vasculaire, un anévrisme, un décollement de rétine, et enfin la prise de certains médicaments comme les anticoagulants.

La séance elle-même se déroule dans un lieu médicalisé doté d'un équipement de réanimation comme pour toute anesthésie, même si celle-ci ne dure que quelques minutes. Sont présents le psychiatre, le réanimateur et une infirmière spécialisée pour le moment du réveil.

Le nombre de séances varie d'une institution à l'autre, mais il est généralement de l'ordre de deux séances hebdomadaires pendant trois semaines.

Pendant l'heure qui suit la séance, votre proche peut ressentir une légère confusion, n'avoir aucun souvenir de l'événement et, comme dans une crise d'épilepsie, garder pendant quelques jours des troubles de la mémoire immédiate.

Dans les états maniaques, le succès de la narcose est aujourd'hui bien connu. On la réserve cependant à ces états lorsqu'ils associent une confusion ou des comportements dangereux, car, contrairement à la dépression, la manie est souvent mal vécue par le patient.

La stimulation électrique transcrânienne

Le principe de cette technique est de stimuler les zones cérébrales incriminées dans la dépression en s'appuyant sur les résultats de la neuroplasticité (voir p. 21) révélés par l'IRM (imagerie par résonance magnétique), le scanner et le PET (technique radiologique à positons).

La stimulation électrique transcrânienne permet d'atteindre sans lésion, sans douleur et sans effets secondaires, des zones que l'on stimule par une onde électromagnétique. Les neurones incriminés se trouvent alors excités ou bloqués, suivant qu'il s'agit de hautes ou de basses fréquences. On imagine aisément l'intérêt de cet outil ! Les effets sont constatés au niveau des dosages des neurotransmetteurs et sont équivalents à ceux de l'électrochoc. Les effets cliniques vont de pair, et leur retentissement sur la dépression est évident.

Les séances ont peu d'effets secondaires et ne nécessitent aucune anesthésie préalable. On note cependant parfois de légères contractions involontaires, des sensations superficielles, et éventuellement des maux de tête. Tous ces désagréments cessent après les cinq premières séances, le traitement en nécessitant une vingtaine au total. À ce traitement efficace peut être associé un antidépresseur.

LE CAS DE JENNIFER

Jennifer a déjà fait plusieurs dépressions au cours de son existence, son médecin lui a donc prescrit des antidépresseurs, qui, malheureusement, se sont révélés inefficaces. Quand cette femme de 50 ans est venue me consulter pour un nouvel épisode, je ne voyais guère d'autres moyens que de lui proposer des séances d'électrochoc. Sa réaction a été brutale : « Il n'en est pas question, cela me fait beaucoup trop peur, Docteur ! » Convaincu pourtant que c'était la bonne solution pour elle, je lui ai expliqué qu'aujourd'hui cela n'avait plus rien à voir avec l'idée qu'elle s'en faisait. Après plusieurs séances, Jennifer a fini par accepter. Elle a donc subi plusieurs séances d'électrochoc. Depuis, elle va beaucoup mieux, et j'ai bon espoir que ce traitement, car il lui reste encore quelques séances à subir, lui évite de bien pénibles rechutes.

Chapitre 2

Les traitements des causes de la dépression

Les traitements par antidépresseurs, narcose ou stimulation électrique sont, nous l'avons vu, directement ceux de la souffrance dépressive. Mais en aucun cas ils ne servent à en soigner les causes. Si l'on veut prévenir la maladie, éviter les rechutes, parfois même la douleur, il faut intervenir à la source. Il est évident que si une hypothyroïdie est à l'origine de la dépression, celle-ci persistera si l'on ne s'intéresse pas à l'origine du trouble. Ce qui est évident dans ce cas ne l'est pas moins pour les autres, et à chacun correspond une solution spécifique

Il existe autant de traitements que de raisons de faire une dépression. Il paraît évident que traiter l'accès dépressif sans envisager son origine et ses solutions revient à conduire le patient à la chronicisation de son état. Il faut savoir qu'un accès dépressif cède naturellement et que l'antidépresseur ne fait qu'en diminuer la durée, sauf si la cause vient en permanence réactiver le mécanisme.

La dépression « chronique » est une notion abusive. Elle ne signe en aucun cas l'épuisement des effets de l'antidépresseur, ni la gravité de la dépression, mais le fait qu'on a négligé de s'intéresser à la cause, voire de la soigner, ou que simplement un des facteurs a été oublié devant un autre, plus évident. Une dépression survenue quelques mois après un traumatisme peut répondre à un traitement par anti-dépresseurs, mais dans la majorité des cas elle réap-paraît si des séances de déconditionnement ne sont pas pratiquées simultanément.

Les thérapies que nous vous présentons doivent donc avant tout être considérées comme des traite-ments de fond pour éviter les récidives.

La psychanalyse

La psychanalyse est un travail long, dont le but est de faire remonter de l'inconscient les conflits de l'enfance qui n'ont pas été résolus et qui, dans le cas particulier de la dépression, pourraient en être à l'origine. Ce traitement, s'il peut s'avérer utile pour prévenir de nouveaux épisodes chez un individu au tempérament anxieux ou psychorigide, est plus diffi-cilement utilisable quand il s'agit d'une dépression héréditaire due, par exemple, à une déficience des neurones.

La cure psychanalytique ne peut d'ailleurs se dérouler qu'en dehors de l'épisode dépressif car elle nécessite que le malade se laisse aller à retrouver ses émotions. Or, on sait qu'un individu dépressif est sans affects.

La psychanalyse se fait chez un psychothérapeute, lui-même formé à cet exercice. L'outil utilisé est le transfert, c'est-à-dire que le psychanalyste est là pour permettre à son patient de recréer au sein de leur relation ces conflits cachés. Remontés de l'inconscient au conscient, ils peuvent alors devenir signifiants pour le patient et lui permettre de mieux comprendre d'où vient sa dépression. Autrement dit, le patient doit découvrir à quel conflit intérieur répond sa dépression.

La psychothérapie cognitivo-comportementale

Cette thérapie a pour but de modifier les pensées, ou cognitions, et le comportement. Elle trouve son intérêt dans la prise en charge de la dépression car, comme on le sait, la personne dépressive subit un changement complet de ses comportements habituels : elle n'éprouve plus de plaisir à pratiquer ses activités préférées, elle ne parle plus aux autres... Le dépressif se trouve totalement impuissant devant les événements qu'il subit. Ses pensées sont également erronées par rapport à la réalité, il se sent coupable de tout, il voit la vie en noir. Pourtant, il n'a pas toujours été comme cela, et au fond de sa mémoire se trouvent stockées les pensées positives de son passé.

La psychothérapie cognitivo-comportementale a d'abord pour objectif de faire parler le malade de ses ressentis actuels en les reformulant tels qu'il a pu les vivre à des moments moins douloureux de sa vie, pour redonner une réalité à ses pensées. Par ailleurs, elle l'aide à soigner les comportements qui accompagnent la dépression. Le dépressif construit en effet autour de lui un monde qui répond à sa dépression, et, quand celle-ci disparaît, il reste prisonnier de cet environnement. Le comportementaliste lui permet de sortir de la prison qu'il s'est fabriquée. Il procède par injonctions, fait des propositions à son patient, qui l'aideront à retrouver ses sensations.

Cette technique a pour cible les points de vulnérabilité de la personne dépressive : le manque d'estime de soi, les pensées négatives, la négation ou le déni du trouble, l'hypersensibilité émotionnelle, la gestion du stress. Elle s'applique à régler les conséquences de la maladie, et parfois sa cause quand celle-ci s'adresse à son champ d'action (anxiété, phobies, attaques de panique, stress, harcèlement...).

En d'autres termes, la thérapie comportementale permet un effacement plus rapide des signes de la dépression. Elle peut avoir une influence positive sur les idées suicidaires et, selon l'étude de Christine Mirabel-Sarron (1999), diminue les rechutes de 30 %. Chez les personnes bipolaires, elle a également pour bénéfice de les inciter à suivre correctement leur traitement.

En général, cette thérapie ne dépasse guère six mois, à raison d'une séance par semaine. Ces séances ont lieu dans le cabinet d'un psychiatre formé à ce type de traitement. Selon la dépression dont souffre le malade, un antidépresseur ou un thymorégulateur peut être prescrit en accompagnement.

LE CAS DE GÉRARD

Gérard a souffert d'une dépression. Durant cette période, il n'avait plus de vie sociale et pour cause... Bien que sorti de sa maladie, Gérard m'explique qu'il a encore du mal à accepter un dîner ou à aller au cinéma. Tous ces plaisirs sont sortis de sa vie. Il m'apprend aussi que ses amis lui reprochent son côté « ours » qui lui ressemble si peu. En fait, Gérard doit réapprendre à vivre. Je lui propose donc de rencontrer un confrère pour faire des séances de psychothérapie cognitivo-comportementale, afin de comprendre ce qui le bloque encore à aller vers les autres. C'est au cours de ces séances où le psy l'a remis dans ses vieilles habitudes que Gérard a retrouvé ses anciens plaisirs. Après quelques séances, il est revenu me voir et m'a expliqué que, à nouveau, il était capable d'affronter les autres, et surtout qu'il ressentait du plaisir à se retrouver comme au « bon vieux temps » !

La thérapie familiale

La souffrance dépressive est muette. Elle coupe le patient aussi bien de lui-même que des autres. Sa famille se retrouve dans un sentiment d'impuissance et rapidement de culpabilité, ce qui aboutit soit au déni de la maladie, soit au rejet du malade, soit à la surcompensation. Dans ce dernier cas, on voit des familles adapter leur comportement aux exigences de la dépression, et donc elles-mêmes dysfonctionner. La présence d'un « muet » dans la famille réveille en effet les conflits et les non-dits, elle ouvre une brèche dans l'édifice familial.

En tant que proche du malade, vous devez trouver les moyens de vous informer, c'est-à-dire de vous convaincre de la réalité du trouble, pour aboutir, sinon à des solutions, du moins à la meilleure attitude à adopter pour accompagner le traitement.

Il existe des associations comme SOS Dépression (voir Adresses utiles, p. 241), où des spécialistes sont à même de vous orienter. Leur numéro de téléphone doit être proposé au dépressif lui-même, qui trouvera ainsi une écoute en cas d'idées suicidaires. Information et partage sont souvent le meilleur préalable à la thérapie familiale.

Cette thérapie, qui réunit de façon ponctuelle l'entourage familial, permet au patient, avec l'aide du thérapeute, d'informer ses proches des sensations qu'il éprouve afin qu'ils interprètent mieux ses comportements et sachent y remédier.

Elle est utile dans toutes les formes de dépression, quelle qu'en soit la cause. Pendant l'accès dépressif, elle rassure le patient sur la présence de ses proches, elle limite la culpabilité de ceux-ci et permet, à distance de l'accès, d'en gérer les conséquences. Elle permet d'aboutir à un meilleur équilibre au sein de la famille.

Les autres thérapies

Les associations de groupes de parole

Il existe de manière institutionnelle des groupes où se retrouvent des individus qui partagent la même souffrance et qui se rencontrent pour en parler. Ces groupes de parole permettent à ceux qui s'y rendent de se sentir enfin compris, car le grand problème de la souffrance morale est l'isolement dans lequel il plonge celui qu'elle habite.

L'autre est ici utilisé comme un véritable miroir, puisque le ressenti est commun et n'appelle aucune explication visant à se faire comprendre. Un autre avantage de ces groupes tient au fait qu'ils permettent à la personne de se situer dans la maladie et que toutes les problématiques s'y trouvent abordées, de la perte d'emploi aux problèmes de couple. Par ailleurs, tous les participants n'en sont pas au même niveau : ceux qui en sont déjà sortis ont envie d'aider ceux qui vont encore mal, et ces derniers ont à leur tour envie de leur demander des conseils. Il existe dans ces groupes un parrainage, c'est-à-dire que les plus anciens prennent les nouveaux sous leur aile.

Le groupe de parole est une communion de souffrants qui est portée vers le haut, car il y a un effet de synergie à la fois individuel et collectif. L'aspect collectif (venir parler de sa problématique devant des inconnus) permet aussi de se jeter un défi à soi-même par rapport à sa douleur. Par exemple, quand une personne vient dire devant d'autres : « Je suis accro au joint et j'ai décidé de m'en sortir », elle prend un engagement par rapport à un groupe mais aussi vis-à-vis d'elle-même.

Selon le type d'association auquel on a affaire, le groupe peut être dirigé soit par un psychiatre, soit par un ancien malade. Il existe autant d'associations qu'il y a de troubles mentaux, et toutes ne sont pas conduites de la même façon. Par exemple, il existe des associations particulières pour les alcooliques, les toxicomanes, les personnes souffrant de TOC (troubles obsessionnels compulsifs)... Quand ce sont d'anciens malades qui sont à leur tête, c'est l'effet de groupe qui fonctionne. Quand c'est un médecin, sa présence tire vers le haut ceux qui ont du mal à participer. Par exemple, si durant deux ou trois séances une personne reste sans prendre la parole, c'est le psychiatre qui vient la chercher.

L'utilité de ces groupes est telle qu'aujourd'hui, par exemple en matière d'alcoolisme, il n'existe pas un psychiatre, hospitalier ou non, qui ne renvoie son patient vers une association de type Alcooliques Anonymes.

Votre rôle est de convaincre votre proche de se rendre à l'un de ces groupes de parole, sachant qu'il importe peu que son alcoolisme, par exemple, soit la cause ou la conséquence de sa dépression.

Il existe des associations spécialisées en matière de dépression – l'une des plus connues étant France Dépression, créée en 1992, qui réunit les malades, leur famille et leurs proches ainsi que le personnel soignant qui les a pris en charge. Leur intérêt réside dans le fait que le premier problème auquel se trouve confronté le dépressif, lors de sa maladie ou même quand il commence à s'en sortir, est sa difficulté à communiquer avec les autres.

Médicaux ou simplement institutionnels, ces groupes ont donc une utilité estimable puisqu'ils permettent une prise en charge de sa souffrance par le malade lui-même. On ne peut tout attendre de la psychiatrie, car elle n'est pas une solution miraculeuse, loin s'en faut. Un des effets pervers de notre société étant la perte de dialogue, il faut garder à l'esprit que ces groupes ont le mérite de recréer une des armes majeures de lutte contre la dépression : la communication. Bien sûr, ils ne se substituent en rien à un traitement médicamenteux qui, rappelons-le, reste indispensable. Ils en sont simplement un complément nécessaire et efficace.

Le cas de Marine

Marine est une jeune femme dépressive. Elle communique peu, et les séances sont souvent ponctuées de longs silences. Elle est persuadée que personne ne peut comprendre et ressentir sa douleur et que d'ailleurs personne ne peut souffrir autant qu'elle. Indépendamment du traitement médicamenteux, je lui propose de se rendre à un groupe de parole. Au départ, la jeune femme est réticente, car s'exprimer en public lui semble impossible. Son frère accepte de l'accompagner, ce qui a pour effet de la rassurer. C'est en entendant la souffrance des autres qu'elle prend conscience qu'elle n'est pas la seule à vivre l'enfer. Finalement, Marine m'a livré que ce groupe était pour elle très bénéfique, car, sans honte et sans crainte, elle pouvait dire sa souffrance. Bien sûr, ce résultat a demandé plusieurs réunions, le temps qu'elle se sente en confiance.

La thérapie d'exposition

Un autre moyen existe qui peut aider votre proche à sortir de la dépression : la thérapie d'exposition.

S'il vous a choisi comme principal interlocuteur pour tenter de le sortir de sa souffrance, vous ne devez pas rester seul devant cette tâche. L'idée de la thérapie d'exposition, c'est que vous arriviez à réunir autour d'une table et à un moment propice toutes les personnes qui lui veulent du bien. Vous pouvez organiser un dîner, un déjeuner, pourquoi pas un week-end, l'idée étant que tout le monde se retrouve avec le souffrant pour parler de son problème.

Si cette technique est très efficace chez le déprimé, elle trouve aussi son indication chez la personne victime d'épisodes dépressifs à répétition dus à son tempérament. Mais elle n'a pas lieu d'être chez quelqu'un en pleine crise dépressive puisqu'il s'agit de le faire parler de façon efficace, ce dont il est absolument incapable tant que la maladie n'a pas été levée par un antidépresseur. Par exemple, on sait très bien que le tempérament anxieux est un des facteurs possibles de la maladie dépressive (voir p. 48). La thérapie d'exposition aura ici pour but de faire prendre conscience à votre proche que c'est cette anxiété qu'il lui faut absolument soigner pour prévenir une éventuelle rechute.

Une fois la réunion organisée, toute la difficulté sera d'obtenir qu'elle ne s'apparente pas à un « forum du bonheur », avec de bons conseils en guise de recettes miracles. La première tâche du groupe est d'élargir le problème et d'arriver à ce que le malade soit en mesure d'en parler autrement. Par exemple, si le problème est centré sur une histoire affective – la femme de votre ami vient de le quitter –, il est intéressant d'élargir le sujet en parlant de la thématique d'abandon.

Votre entreprise peut être le début d'une psychothérapie, tout en sachant que ce n'est pas au groupe de poursuivre ce travail mais à un spécialiste. Le groupe, lui, a pour but essentiel de l'amener à une prise en charge psychothérapeutique, ce qu'il n'aurait pas pu faire seul. La thérapie d'exposition doit mettre en place une véritable dynamique et non se cantonner à donner uniquement l'adresse d'un psychiatre ou des conseils...

Le cas de Jordan

Jordan a été quitté par sa femme, et il est très déprimé. Il faut dire que cela fait la troisième fois qu'il se retrouve seul ! Jordan n'a de cesse d'appeler tous ses amis les uns après les autres pour leur faire part de son malheur. Sa femme se retrouve, bien sûr, affublée de tous les défauts alors qu'en fait Jordan est un homme très jaloux et qu'elle est tout simplement partie (comme les autres avant elle), parce qu'elle se sentait étouffer ! Dans mon cabinet, Jordan, qui m'a été envoyé par un confrère, s'épanche et tourne en rond. Connaissant bien la personne qui me l'a envoyé, j'ai pris la liberté de l'appeler en lui demandant d'organiser un dîner avec plusieurs amis proches de Jordan pour mettre en place ce que j'appelle une thérapie d'exposition. Date fut prise, et nous nous sommes tous retrouvés autour de cet homme en souffrance. Une fois l'aventure du départ entendu pour la énième fois par chacun, nous avons plus largement abordé la thématique de la jalousie. Avec Jordan, nous avons remonté le courant de sa vie et lui avons fait expliciter toutes les fois où il s'est retrouvé seul. Finalement, il a fini par convenir qu'à chaque fois c'était le même problème qui l'avait conduit à la perte de l'être cher : la jalousie. Poussant plus loin la discussion, nous avons pointé du doigt l'origine vraisemblable de sa jalousie. En fait, c'était simple. Jordan avait un frère cadet, et il n'avait jamais supporté que sa mère s'intéresse à un autre que lui ! Il s'était senti abandonné. Avec les femmes, il reproduisait le même schéma que ce qu'il avait vécu dans l'enfance. Cette thérapie lui a permis d'axer ses efforts pour s'en sortir sur sa vraie problématique. Depuis, nous abordons ce problème, celui du départ ne devenant plus le centre de chaque séance.

La luminothérapie

L'insomnie et l'inversion du jour et de la nuit sont des signes cardinaux de la dépression. L'exposition à la lumière semble constituer un facteur important dans certains types de dépression, dont la dépression saisonnière (voir p. 163) qui survient classiquement aux périodes marquées par des variations de lumière.

Pour comprendre le principe de la luminothérapie, il convient en premier lieu de connaître le principe de la chronobiologie, dont l'exemple parfait se trouve représenté par le décalage horaire.

Le décalage horaire est un trouble consécutif à la désynchronisation du rythme du jour et de la nuit. Il se caractérise par l'impossibilité presque totale à retrouver ses rythmes de sommeil. Les personnes concernées sont celles qui font de longs voyages. Ce phénomène s'explique aisément : chaque organe possède un cycle qui lui est propre. Celui de 24 heures, qui nous gouverne, correspond à la réunion harmonieuse de l'ensemble de ces cycles, et c'est là ce qu'on appelle l'horloge biologique.

Le décalage horaire n'est donc rien d'autre que le décalage des cycles des organes qui ne s'y reconnaissent plus, car les horaires de sommeil, de repas, etc., ne correspondent plus à ce qui se passe habituellement. Les phénomènes biologiques (sécrétions des hormones, des neuromédiateurs...) n'étant plus synchrones, il en résulte des troubles divers (mauvaise digestion, insomnie, fatigue, impossibilité à se concentrer, entre autres). Chaque espèce vivante possède sa propre horloge interne, liée à son environnement. L'être humain vit (normalement) le jour et dort la nuit. Son horloge interne répond à cette exigence.

La lumière est un des éléments qui contribuent au bon fonctionnement des cycles. De nombreuses études ont pu mettre au jour son action sur le cerveau. La lumière traverse l'œil, et la rétine envoie un message nerveux à deux glandes, l'hypothalamus et l'épiphyse. Son implication dans la sécrétion ou la non-sécrétion de certains neuromédiateurs impliqués dans l'humeur – notamment de la mélatonine – ne fait aujourd'hui plus de doute.

La mélatonine est une neurohormone sécrétée par la glande pinéale. Sa production, directement liée à la lumière, répond au rythme circadien : elle débute le soir, atteint son pic durant la nuit et est quasi inexistante le jour. Certaines dépressions récurrentes surviennent notamment au moment de la réduction du temps d'exposition à la lumière – en automne et en hiver –, en raison de la baisse de la production de mélatonine.

Ces épisodes peuvent être prévenus par une exposition à la lumière. La luminothérapie consiste à s'exposer le matin et le soir devant une lampe spéciale, d'abord en milieu hospitalier puis à domicile. C'est le médecin qui détermine le temps d'exposition et l'intensité de la lumière. Si votre proche envisage de procéder à ce traitement, conseillez-lui de faire préalablement un bilan ophtalmologique.

L'EMDR

L'EMDR, ou *Eyes Movement Desensitization and Reprocessing* (mouvements oculaires de désensibilisation et de retraitement), est une technique qui a été créée aux États-Unis dans les années 1980 par la psychothérapeute Francine Shapiro. Selon son auteur et ses adeptes, elle se définit comme une « approche psychothérapeutique neuroémotionnelle de désensibilisation et de retraitement des informations faisant appel à la stimulation sensorielle par des mouvements oculaires ».

Cette technique aurait pour objectif de faire appel au « cerveau émotionnel » et de faire revivre à un individu les émotions et les sensations qu'il a éprouvées lors d'un épisode traumatique, dans le but de vider le cerveau émotionnel de ses souvenirs négatifs. Il s'agit de récupérer le souvenir à travers l'émotion en espérant qu'il y ait une prise de conscience.

L'EMDR est une thérapie radicalement différente de la psychanalyse puisqu'elle s'adresse directement à l'émotion, alors que la psychanalyse est d'abord une intellectualisation qui va rechercher l'émotion. Par exemple, en psychanalyse, c'est le fait de parler qui génère (ou non !) la remontée de l'émotion.

Par ailleurs, l'EMDR n'implique pas uniquement un travail sur les événements du passé. Il peut également s'agir d'événements présents, comme une crise d'angoisse.

Lors des séances, qui suivent toujours quelques séances de psychothérapie, le thérapeute fait, lorsque les pensées et les émotions resurgissent, une série de mouvements avec sa main devant les yeux du patient qui les suit du regard. Ces mouvements oculaires sont répétés plusieurs fois, assez rapidement, jusqu'à ce que le patient sente ses émotions neutralisées. Il peut vérifier sur des échelles de valeur son niveau de stress, que le psychothérapeute l'aide à diminuer avec des images relaxantes.

Néanmoins, même si certains la qualifient de « magique », cette technique reste très controversée. Il est clair qu'elle ne peut être considérée comme un traitement de la dépression. Elle est tout au plus un traitement de sa cause quand celle-ci trouve son origine dans un état de stress posttraumatique ou relève du tempérament. Mais pour les autres causes de dépression, il serait irresponsable d'affirmer qu'elle puisse avoir un effet quelconque.

L'acupuncture

L'acupuncture, technique utilisée en médecine chinoise depuis près de 4 500 ans, ne fut portée à notre connaissance qu'au cours du XXe siècle. C'est Georges Soulié de Morant qui, en traduisant en français les ouvrages chinois traditionnels d'acupuncture, notamment le *Nei King*, fut à l'origine de sa découverte.

Cette discipline s'appuie sur la théorie des méridiens, lignes invisibles qui parcourraient notre corps, chacun répondant à un organe ou à une fonction physiologique de l'organisme. C'est à travers eux que circulerait l'énergie vitale.

Mais cette théorie des méridiens, qui n'a jamais été démontrée scientifiquement, pourrait tout aussi bien être considérée autrement. C'est d'ailleurs la conception du docteur Jean-Luc Allemandi, membre de l'Association scientifique des médecins acupuncteurs de France et ancien attaché d'acupuncture à l'hôpital Bichat : selon lui, le cerveau pourrait être comparé à l'unité centrale d'un ordinateur prête à effectuer certaines tâches après en avoir reçu l'ordre, la peau du patient agissant tel un clavier. Les aiguilles plantées en certains points précis (point isolé ou combinaison de points) permettraient de coder un certain type de message qui viendrait stimuler le cerveau, la réponse se faisant par le biais d'une sécrétion hormonale.

En France, le premier entretien avec un médecin acupuncteur est axé sur les habitudes de vie et les antécédents familiaux et médicaux du patient. Il inclut également les notions de temps, de saisons, d'époque. Par exemple, le médecin s'attarde à trouver une influence du temps et de la luminosité sur l'apparition de la maladie.

Ces renseignements permettent à l'acupuncteur de ranger son patient dans la catégorie Yang ou Yin. L'énergie Yang (principe masculin) correspond à l'énergie positive, l'énergie Yin (principe féminin) à l'énergie négative, mais toutes deux participent à l'énergie vitale. Lorsque l'une de ces deux énergies se trouve en excès, on assiste à un déséquilibre induisant une maladie. Le travail de l'acupuncteur consiste à rétablir l'équilibre en vue d'obtenir la guérison.

Pour trouver les points ou les combinaisons de points qui vont permettre d'atteindre cet objectif, l'acupuncteur procède à des tests. Un test simple est celui qu'utilise la kinésiologie, qui consiste à travailler sur la force musculaire. Par exemple, le médecin demande de tendre le bras et d'exercer une résistance pendant qu'il exerce une pression sur celui-ci. Ensuite, il réitère la même opération en mettant sur le patient, par exemple, son téléphone portable. Si la résistance est moindre, c'est que l'onde du téléphone est négative et qu'elle vient troubler l'énergie vitale. Pour déterminer à quelle catégorie le patient appartient, le médecin tient au-dessus de lui une ampoule de liquide Yin ou Yang.

En matière de dépression, cette technique permet d'agir efficacement sur les signes qui accompagnent la maladie, comme l'anxiété, les troubles du sommeil, l'humeur, la fatigue, les douleurs diverses. Mais elle ne reste qu'un appoint au traitement spécifique de la maladie. En revanche, elle peut très bien aider à se passer des anxiolytiques ou des hypnotiques, et cela n'est pas négligeable quand on sait les effets délétères attachés à ces molécules.

Lors de la phase aiguë de la dépression, trois séances par semaine représentent un rythme convenable. Ensuite, on passe à une séance tous les quinze jours ou toutes les trois semaines jusqu'à la fin de la maladie.

L'acupuncture peut également être considérée comme un moyen de prévention pour éviter les rechutes. Dans ce cas, deux à trois séances par an permettent de maintenir l'équilibre. C'est à la personne, dès qu'elle se sent mal, de prendre les devants.

Le point utilisé pour traiter les états dépressifs est, dans tous les cas, le point Paé Roé, situé au sommet du crâne. C'est un grand point d'énergie psychologique. D'autres, connus pour stimuler l'énergie physique, peuvent également être utilisés. Ils sont situés le long de la colonne vertébrale (au creux des reins, entre les omoplates) ou ailleurs (vessie, pli du coude).

LES AUTRES POINTS INCONTOURNABLES TRAITÉS PAR L'ACUPUNCTEUR

— au niveau du creux des reins, le vaisseau gouverneur n° 4 ;

— entre les deux omoplates, les points de vessie n° 38 (pour la petite histoire, une étude scientifique a montré que lorsque ces points étaient stimulés toutes les semaines, il s'ensuivait une activation de la rate et donc une augmentation des globules rouges, puisque celle-ci en est une réserve) ;

— le point de vessie n° 13 est également stimulé car il est connu pour avoir une action positive sur le psychisme ;

— le point situé au niveau du pli du coude, le cœur n° 3, dont le nom chinois signifie « point de la joie de vivre », reçoit automatiquement une aiguille ;

— le point rein n° 1 et le point rate/pancréas n° 4, situés au niveau des pieds, pour stimuler l'énergie psychique ;

— pour stimuler l'énergie physique, les points estomac n° 36 et le point rate/pancréas n° 6 au niveau des jambes.

Selon les symptômes, l'acupuncteur peut choisir d'agir à d'autres endroits, par exemple si le patient se plaint d'anxiété avec une sensation désagréable de boule dans la gorge ou au creux de l'estomac, voire d'oppression. Il stimule alors toute une série de points situés au niveau du thorax, notamment au creux épigastrique. Pour stimuler l'énergie physique, il peut piquer des points situés au niveau des jambes. Pour augmenter l'énergie psychique, il choisit deux points situés au niveau des pieds.

Si cette pratique peut avoir un impact réel sur la souffrance dépressive et les signes qui l'accompagnent, elle s'applique plus aux symptômes qu'à la cause. Elle évite parfois de recourir aux antidépresseurs chez les déprimés chroniques pour qui ces médicaments ont fait la preuve de leur inefficacité. Ces vertus de rééquilibrage constituent une véritable hygiène du dépressif.

Chapitre 3

Les médecines naturelles

L'oligothérapie, l'homéopathie et la phytothérapie sont des moyens thérapeutiques très en vogue mais qui ne constituent en aucun cas, comme nous allons le voir, un traitement de la douleur dépressive. En revanche, elles peuvent aider à traiter le terrain – c'est le cas de l'homéopathie – ou à diminuer certains signes de la dépression.

L'oligothérapie

Les oligoéléments, du grec *oligos* qui signifie « petit », sont des minéraux qui, par leurs multiples rôles physiologiques, contribuent au bon fonctionnement de l'organisme. Présents dans le corps en très petites quantités, ils sont indispensables, et leur carence peut entraîner un déséquilibre, lequel peut être le résultat d'une mauvaise alimentation ou consécutif à certaines situations, comme les traumatismes physiques (maladies, accidents) ou psychiques (stress, anxiété).

L'oligothérapie se définit comme « l'usage, dans un but thérapeutique ou préventif, de médicaments ou de compléments alimentaires dont le principe actif est un oligoélément » (Nicolas Bles, *ABC des oligoéléments*).

Le lithium est un oligoélément qui a une action bénéfique supposée sur les catécholamines, substances du cerveau dont le rôle est de transmettre et de réguler les informations dans le système nerveux. Il aurait aussi une influence sur les échanges à travers les membranes des cellules et dans la transmission de l'influx nerveux. Utilisé en oligothérapie, il est prescrit à très faible dose et ne nécessite pas le suivi imposé lors de son utilisation à plus forte dose en médecine psychiatrique (jusqu'à 80 fois supérieure). Toutefois, il est préférable qu'il fasse l'objet d'une surveillance médicale. Comme tous les oligoéléments, pour être efficace, le lithium doit être pris à distance des repas, la dose journalière recommandée oscillant selon l'âge entre 1 et 3 milligrammes.

Cet oligoélément peut être prescrit chez les personnes anxieuses ou hyperémotives mais aussi en état de déprime. Son intérêt tient au fait que, pris sous cette forme, il ne crée ni addiction ni accoutumance. Le traitement par lithium sera d'autant plus efficace qu'on y associera du magnésium, minéral bien connu pour son influence sur la régulation du système nerveux, en particulier dans les situations de stress.

Dans le cas d'un épisode dépressif avéré, le recours à l'oligothérapie ne peut en aucun cas constituer le traitement. En revanche, ce mode thérapeutique peut être considéré avec bienveillance en traitement relais complémentaire du traitement de première intention. On peut également y avoir recours dans le sevrage de thérapeutiques plus lourdes.

L'homéopathie

L'invention de l'homéopathie est due au médecin allemand Christian Friedrich Samuel Hahnemann. En France, cette discipline s'est implantée au début du XIXe siècle. Pour les médecins homéopathes, la pathologie est avant tout l'expression d'un déséquilibre contre lequel lutte l'organisme.

Les traitements homéopathiques ne sont pas prescrits de la même façon qu'en allopathie, car l'homéopathie est une médecine qui s'adresse à l'individu pris dans sa globalité et non à une maladie spécifique. Le « terrain » a une grande importance. C'est lui qui va déterminer la prescription des remèdes bien plus que la maladie elle-même. Il existe même une branche de l'homéopathie dite uniciste, c'est-à-dire où l'on donne au patient un seul remède qui correspond à sa personnalité.

Les grands remèdes de la dépression en homéopathie sont *Sepia* (encre de seiche) et *Hypericum* (millepertuis). En général, ils sont prescrits à forte dilution – de 9 CH à 30 CH – selon la personne à qui ils s'adressent. Sachez que plus un remède est dilué, plus son action est importante. L'homéopathie peut également aider à traiter le tempérament, notamment dans le cas de l'anxiété, dont le grand remède est *Ignatia amara*, obtenu à partir de la fève de Saint-Ignace.

Si l'homéopathie est une aide véritable qui n'entraîne pas d'effets secondaires, elle ne dispense pas du traitement par antidépresseurs quand celui-ci s'avère nécessaire.

La phytothérapie

L'utilisation des plantes pour soigner les maladies est le mode thérapeutique le plus répandu à travers le monde. On en retrouve des traces à l'époque sumérienne, soit environ 3 500 ans avant J.-C. La médecine allopathique, qui s'est largement développée au XIXe siècle, n'est autre que la reproduction chimique des produits actifs des plantes. À titre d'exemple, l'aspirine, ou acide acétylsalicylique, est l'un des principaux composants de la reine-des-prés.

Les végétaux ont des vertus inestimables, et certains ont une action indéniable sur le moral. Les plantes majeures dans ce domaine sont le millepertuis, qui a des propriétés antidépressives, ainsi que la coriandre, l'angélique et le romarin, connus pour leurs effets dynamisants sur le plan psychique.

Il n'est pas question ici de dire que les plantes seules peuvent constituer le traitement de la maladie dépressive, mais leur utilisation, à bon escient, représente un adjuvant intéressant au traitement. Dans d'autres cas, elles peuvent aider à soulager certains symptômes, comme l'anxiété ou les troubles du sommeil. C'est le cas de celles qui ont des vertus calmantes, comme la passiflore, la valériane, la camomille, le tilleul, le pavot de Californie.

Quelle que soit la forme sous laquelle elles sont utilisées (gélules, extraits fluides, tisanes...), il est important de se conformer aux notices, car les plantes ne sont pas anodines et, comme tout produit actif, ont un effet sur l'organisme. Certaines peuvent être toxiques ou contre-indiquées dans des situations particulières comme la grossesse.

Les compléments alimentaires

Certains compléments alimentaires sont une aide appréciable pour soulager les signes de la dépression comme la fatigue, les troubles du sommeil et l'humeur. Il en est ainsi du pollen, de la levure de bière, mais aussi du chocolat et de certains fruits riches en sérotonine – kiwi, avocat, banane, noix et tomate.

Le pollen est intéressant car ses divers composants lui confèrent des vertus dynamisantes. Il contient du fer, du cuivre, du magnésium, du potassium, des acides aminés, dont l'acide glutamique et la méthionine, ainsi que les vitamines A, B, C et E. Il agit favorablement sur l'immunité, augmente l'énergie musculaire et mentale. Dans la dépression, il peut donc avoir un effet favorable sur la fatigue physique.

La levure de bière a une action positive sur le tonus physique et psychique en raison de sa composition. Elle renferme en effet des protéines, des acides aminés, du chrome, du phosphore, du potassium, du sélénium et des vitamines du groupe B.

Les oméga-3 : enfin un « médicament » dont on peut abuser ?

Les oméga-3 sont à la mode : selon les radios, télés et autres magazines, c'est l'aliment miracle qui permet de réduire le cholestérol, de faciliter la perte de poids et, bien sûr, de redonner le moral. À partir de là, un pas suffisait pour en déduire qu'avaler ces acides gras polyinsaturés sous forme de compléments alimentaires (puisque c'est de cela dont il s'agit) était l'arme ultime pour prévenir, voire « guérir », le stress et l'anxiété.

Un rapport de l'AFSAAPS (Agence française de sécurité sanitaire des produits de santé) affirme que l'effet antidépresseur qu'on leur prête est « sans fondement scientifique », ce qui doit se lire « sans effet thérapeutique » et se traduire par « sans danger ». Car il est vrai que quelques capsules d'huile de poisson des mers froides ou quelques cuillerées d'huile de colza ne sont assorties d'aucun effet délétère. Sont-elle pour autant bénéfiques ? L'idée que ces lipides auraient un effet miraculeux sur le cerveau tient au fait que cet organe est lui-même composé essentiellement de lipides, et que le tiers de ces lipides cérébraux appartient à la famille des oméga-3. Jean-Marie Bourre, spécialiste français en neuro-pharmaconutrition, l'a parfaitement démontré dans les années 1980. À la suite de son étude, les laits des nourrissons ont d'ailleurs été enrichis en oméga-3.

J'ai récemment été convié à une rencontre où tous les participants, jeunes et plus âgés, prenaient des oméga-3 sous des formes diverses. À les croire, ils avaient découvert « le carburant du bonheur ordinaire ». En tout cas, tous avaient abandonné, voire reniaient les antidépresseurs. Avaient-ils pour autant découvert « la pilule du bonheur » ou s'en étaient-ils tout simplement laisser convaincre ?

Sans aller plus loin dans la polémique, il convient d'admettre que les oméga-3 ne sont pas nocifs à la santé. Ils ouvrent, en revanche, la porte aux médica-ments de substitution et surtout aux spécialistes du « bonheur facile », qui veulent ainsi profiter de nos coups de blues. Encore une fois, aucun complément alimentaire ne peut constituer une alternative aux traitements allopathiques et psychothérapeutiques de la dépression. Ils peuvent toutefois être pris en addition du traitement sans que cela pose problème.

CONCLUSION

Aborder la souffrance psychique, ce que nous appelons indûment « déprime » ou « dépression », par des antidépresseurs est, bien sûr, une absurdité, la même qui fait répondre par des antibiotiques à toute forme de fièvre, faisant de notre pays le plus gros consommateur de ce type de médicament.

L'observation de la souffrance elle-même, ce que les médecins appellent la clinique, est à peu près incapable de nous donner la réponse, antidépresseurs ou pas, et aucun examen complémentaire ne peut nous aider. Seule la cause, la recherche des facteurs impliqués dans cette souffrance, devrait guider le traitement. La prise en charge, et plus encore notre attitude face aux dépressifs, l'ultramédicalisation du malheur, la conviction ancrée que la dépression est l'inverse du bonheur conduisent à l'abandon de toute écoute et tuent en nous toute forme d'humanité. Il est probable que les bénéfices évidents de ces médicaments dans leur juste prescription sur les justes causes soient contrebalancés par l'excès de leur emploi, et en cela nous sommes tous coupables : médecins, laboratoires, politiques et consommateurs. Déprime et dépression, la maladie est la même ; cette distinction ne donne ni la gravité, ni la cause, encore moins le traitement, elle permet simplement d'évaluer la place prise par la maladie dans l'économie physique du patient et donc sa capacité à réagir, à se défendre naturellement contre la souffrance et sa cause. Les traitements antidépresseurs s'ils corrigent l'humeur dépressive de certains privent les autres de leurs défenses naturelles, ce que semble confirmer l'augmentation des suicides. En clair, les dépressifs se suicident de moins en moins, les autres de plus en plus, et la prescription systématique d'antidépresseurs chez les fatigués, les endeuillés, les adolescents, les crises existentielles et toutes les formes de souffrance est à proscrire. Ils induisent par leurs effets secondaires un apaisement relatif et permettent ainsi l'entrée dans les trajectoires suicidaires, « le mat syndrome ».

Vous l'aurez compris, je suis l'ennemi personnel du suicide et n'aurai de cesse que lorsque je vous aurai touché, car le suicide n'est pas un choix mais au contraire la perte de liberté qu'a chacun de vivre ou de mourir. Tout sera bon pour lui barrer la route – livres, télévision, journaux –, car il est clair que dans notre société rien ne va en ce sens. Je ne m'arrêterai que lorsque ce problème sera le vôtre, que vous soyez ministre, professeur ou simplement le voisin de celui qui souffre. Tous les enfants sont les nôtres, et nous sommes responsables de tout le monde. À se focaliser sur la violence des jeunes qui, dans le pire des cas, fait quelques blessés, on en oublie les 180 000 personnes qui attentent à leurs jours et les 12 000 victimes d'une guerre oubliée.

Nous savons que ce fléau, qu'il soit le résultat d'une dépression, d'une déprime ou d'un mat syndrome, est gérable pour peu qu'on s'y intéresse – les pays qui ont œuvré en ce sens en sont la preuve ! Je suis armé des cris muets des parents victimes de ce spectacle, un adolescent inanimé sur un lit d'oubli, quelqu'un qui ne voulait pas mourir mais seulement disparaître. « Il ne voulait pas vous faire de mal », « il s'est longtemps retenu » sauf ce jour où... vous êtes « mort » à voir ce corps inanimé, celui de l'être aimé.

On sait qu'un suicidé sur quatre a consulté un médecin généraliste dans les trois jours précédant son acte, et pourtant on bloque les portes des psychiatres (déjà si difficiles à passer) pour faire l'économie de quelques euros.

Les lignes de La Note bleue et d'autres sont pleines de ces derniers appels. SOS Dépression vit au quotidien la trajectoire suicidaire de ces gens, mais les associations sont étranglées par la suppression de toute subvention, et les quelques milliers d'euros qui permettraient de saisir les adolescents en difficulté sur leurs blogs sont irrémédiablement supprimés. Ne pas les entendre ne suffit pas, on leur coupe la parole...

Le suicide n'est pas en odeur de « santé ».

L'autre mal français est de rechercher des coupables : le médecin généraliste et ses prescriptions, les laboratoires suspectés de délivrer l'arme du crime, les psychiatres et la difficulté d'y avoir accès, les politiques qui couvrent le problème faute d'avoir la solution... En réalité, rien n'existera tant que la souffrance ne sera pas notre problème.

BIBLIOGRAPHIE

Dominique Barbier, *La Dépression*, éditions Odile Jacob, 2000.

Nicolas Bles, *ABC des oligoéléments*, éditions Grancher, 2005.

Alain Meunier, Gérard Tixier, *La Tentation du suicide chez les adolescents*, éditions Payot, 2005.

Philippe Nuss, Maurice Ferreri, *La Dépression*, Bash éditions médicales, 2002.

Jean-Pierre Olié, Marie-France Poirier, Henri Lôo, *Les Maladies dépressives*, éditions Flammarion Médecine, 2003.

Frédéric Raffaitin (sous la dir. de), *Le Livre blanc de la dépression*, éditions Privat, 2005.

Adresses utiles

SOS Dépression
162, bd du Montparnasse
75014 Paris
Ligne d'écoute : 01 40 47 95 95
Ligne administrative : 01 40 47 96 95
Site web : http://sos.depression.free.fr
Courriel : sos.u-psy@tiscali.fr

France Dépression
4, rue Vigée-Lebrun
75015 Paris
Tél. : 01 40 61 05 66
Site web : http://francedepression.free.fr
Courriel . info@france-depression.org

Urgences psychiatrie
162, bd du Montparnasse
75014 Paris
Tél. : 01 40 47 04 47

La Note bleue (aide aux adolescents dépressifs)
162, bd du Montparnasse
75014 Paris
Écoute téléphonique : 01 40 47 73 73
Pour prendre rendez-vous : 01 34 90 23 54

Site web : www.lanotebleue.org
Courriel : psychologues@lanotebleue.org

Vie Espoir 2000 (association de prévention du suicide)
13, rue Xavier-Grall
22000 Saint-Brieuc
Tél. : 0800 07 11 91

Suicide écoute prévention intervention auprès des adolescents (SEPIA)
7, rue Kléber
68000 Colmar
8, av. Robert-Schuman
68100 Mulhouse
N° vert : 0800 88 14 34 (accessible 24 h sur 24 dans le Haut-Rhin uniquement)
Site Internet : www.sepia.asso.fr
Courriel : sepia@sepia.asso.fr

Alcooliques Anonymes – AA
29, rue Campo Formio
75013 Paris
Tél. : 01 48 06 43 68
Permanence téléphonique : 08 20 32 68 83
Site Internet : www.alcooliques-anonymes.fr

UNAFAM (Union nationale des amis et familles de malades psychiques)
12, villa Compoint
75017 Paris

Tél. : 01 53 06 30 43
Site web : www.unafam.org
Courriel : infos@unafam.org

Suicide Écoute
16, rue du Moulin-Vert
75014 Paris
Tél. : 01 45 39 40 00
Site web : http://suicide.ecoute.free.fr
Courriel : suicide.ecoute@wanadoo.fr

AAAVAM (Association d'aide aux victimes des accidents et maladies liés aux médicaments)
10, rue de la Paix
75002 Paris
Tél. : 01 41 10 87 00
Site web : www.aaavam.com
Courriel : AAAVAM@aol.com

SOS Addictions
44, rue de la Tourelle
92100 Boulogne-Billancourt
Tél. : 01 41 22 98 88
Courriel : b.lepere@montevideoclinic.net

ANPAA (Association nationale de prévention en alcoologie et addictologie)
20, rue Saint-Fiacre
75002 Paris

Tél. : 01 42 33 51 04
Fax : 01 45 08 17 02
Site web : www.anpaa.asso.fr
Courriel : contact@anpa.asso.fr

Alcool Assistance La Croix d'Or
10, rue des Messageries
75010 Paris
Tél. : 01 47 70 34 18
N° indigo : 0821 00 25 26 (0,12 euros la minute)
Fax : 01 42 46 26 09
Site web : www.alcoolassistance.net
Courriel : contact@alcoolassistance.net

Table des matières

DEUXIÈME PARTIE
LES CAUSES ET LES PRISES EN CHARGE DES ÉTATS DÉPRESSIFS

TROISIÈME PARTIE
LES TRAITEMENTS ACTUELS
DE LA DÉPRESSION

Achevé d'imprimer sur les presses de

BUSSIÈRE

GROUPE CPI

à Saint-Amand-Montrond (Cher)
en mars 2006

Composition : Nord Compo

N° d'impression : 061226/1.

Imprimé en France